L'éducation
du chien

Illustrations : Joël Dehasse et Jean-Marie Dehasse
Pictogrammes : Michel Fleury
Photo principale de la couverture : Anne-Marie Villars

Données de catalogage avant publication (Canada)

Dehasse, Joël
    L'éducation du chien

    (Vivre avec nos animaux)
    Publié à l'origine dans la collection : Nos amis les animaux. c1998.

    1. Chiens - Dressage. I. Titre. II. Collection.

SF431.D42 2002   636.7'0887   C2002-940906-3

DISTRIBUTEURS EXCLUSIFS :

• Pour le Canada
  et les États-Unis :
  MESSAGERIES ADP*
  955, rue Amherst
  Montréal, Québec
  H2L 3K4
  Tél. : (514) 523-1182
  Télécopieur : (514) 939-0406
  * Filiale de Sogides ltée

• Pour la France et les autres pays :
  VIVENDI UNIVERSAL PUBLISHING SERVICES
  Immeuble Paryseine, 3, Allée de la Seine
  94854 Ivry Cedex
  Tél. : 01 49 59 11 89/91
  Télécopieur : 01 49 59 11 96
  Commandes: Tél. : 02 38 32 71 00
                  Télécopieur : 02 38 32 71 28

• Pour la Suisse :
  VIVENDI UNIVERSAL PUBLISHING SERVICES SUISSE
  Case postale 69 - 1701 Fribourg - Suisse
  Tél. : (41-26) 460-80-60
  Télécopieur : (41-26) 460-80-68
  Internet : www.havas.ch
  Email : office@havas.ch
  DISTRIBUTION: OLF SA
  Z.I. 3, Corminbœuf
  Case postale 1061
  CH-1701 FRIBOURG
  Commandes: Tél. : (41-26) 467-53-33
                  Télécopieur : (41-26) 467-54-66

• Pour la Belgique et le Luxembourg :
  VIVENDI UNIVERSAL PUBLISHING SERVICES BENELUX
  Boulevard de l'Europe 117
  B-1301 Wavre
  Tél. : (010) 42-03-20
  Télécopieur : (010) 41-20-24
  http://www.vups.be
  Email : info@vups.be

Pour en savoir davantage sur nos publications,
visitez notre site : **www.edjour.com**
Autres sites à visiter : www.edhomme.com • www.edtypo.com
www.edvlb.com • www.edhexagone.com • www.edutilis.com   site de l'auteur : www.joeldehasse.com

Gouvernement du Québec – Programme de crédit d'impôt pour
l'édition de livres – Gestion SODEC.

L'Éditeur bénéficie du soutien de la Société de développement des
entreprises culturelles du Québec pour son programme d'édition.

Nous reconnaissons l'aide financière du gouvernement du Canada
par l'entremise du Programme d'aide au développement de
l'industrie de l'édition (PADIÉ) pour nos activités d'édition.

Dr Joël Dehasse

L'éducation du chien

le jour,
éditeur

À Laura et Harriët
À Cédric
À Aymeric
À Fabienne

Ils m'ont dit :
L'imprévisible existe,
étonnant, inattendu, troublant.
Chacun peut le rencontrer
au détour d'un chemin.

À retenir, à mettre en pratique

 À titre informatif

 À éviter

 À conseiller

Introduction

L'éducation du chien est une voie royale. Elle emmène le chiot dans une aventure sans retour vers une plus grande intelligence et une meilleure intégration dans la société et dans l'environnement.

Cette aventure commence avant la naissance, se poursuit avec l'empreinte de l'environnement et l'éducation que donne la mère, et se complète avec l'influence des humains.

L'éducation du chien peut se faire sans peine, mais pas sans effort. Elle nécessite des compétences parce que les humains ne «parlent pas chien» spontanément. Ils doivent apprendre à «parler chien». Ensuite, ils doivent apprendre à devenir de bons éducateurs.

C'est tout le sujet de ce livre: apprendre pour comprendre, comprendre pour devenir compétent, être compétent pour prévenir les problèmes et éduquer, éduquer pour développer tout le potentiel de son compagnon et le guider vers une plus grande convivialité dans une société d'humains, chiens admis.

Un chien est-il fait pour vivre dans un monde d'humains? Un humain est-il fait pour vivre dans un monde de chiens? Je réponds «oui».

À qui est destiné ce livre? Quel est le lecteur que j'interpelle?

- les propriétaires de chiens;
- les futurs propriétaires de chiens;
- les professionnels du chien: éleveurs, éducateurs, vétérinaires;
- les amis des chiens;
- les cynophiles avertis.

Les uns trouveront matière à apprendre, les autres, matière à réflexion.

Mon intention est de favoriser
- la connaissance et la compétence,
- le savoir et le talent,
- l'aptitude et l'entente,
- la science et l'art d'être avec un chien, de vivre en compagnie d'un chien, de se prendre d'amitié pour un chien agréable et convivial.
  Je propose au lecteur de se créer de nouvelles occasions de découvrir la vie sous l'angle de l'entente cordiale avec un représentant remarquable du monde animal.

Comment lire ce livre ?
- Du début à la fin: il a été conçu pour une construction progressive de la connaissance.
- Par chapitres, selon un intérêt particulier: chaque chapitre est distinct et peut être lu comme une entité séparée. La table des matières très détaillée vous permet de trouver aisément les sujets de votre choix.

Personnalisez ce livre! Ajoutez-y de la couleur en soulignant, en surlignant, en colorant ou en encadrant certains passages ou certains mots. De cette façon, ce livre deviendra encore plus un guide pratique et original.

Drahthaar (braque à poil dur), assise sur un banc.

Première partie
Qu'est-ce qu'un chien ?
Pourquoi un chien ?

Qu'est-ce qu'un chien?

Une bien curieuse question!

Quand je pose la question « Qu'est-ce qu'un chien? », lors de conférences, les réponses sont très intéressantes.

Un chien, c'est:
- un animal à quatre pattes;
- un animal qui aboie;
- un cœur avec des poils;
- un être dépendant, incapable de se débrouiller seul;
- un confident toujours présent.

Mais aussi, un chien, ce n'est pas:
- une araignée;
- un chat;
- un oiseau;
- un être humain;
- un objet.

On peut donc définir le chien de façon positive (ce qu'il représente) et de façon néga-tive (ce qu'il n'est pas dans la représentation humaine).

Chaque **représentation** a sa définition propre.

Le chien en zoologie

Dans la représentation **zoologique,** on dira que le chien est une espèce dénommée *Canis familiaris* qui appartient à la famille des canidés. Celle-ci comprend 38 espèces, parmi les-quelles on retrouve le loup *(Canis lupus),* le renard roux *(Vulpes vulpes),* le chacal doré *(Canis aureus),* le coyote *(Canis latrans),* le dingo *(Canis familiaris dingo)* et bien d'autres encore.

Le chien peut se reproduire avec le loup et le chacal et donner une descendance fer-tile. Cela prouve une communauté génétique certaine, au point que certains scientifi-ques du XVIIIe siècle voulaient faire de ces trois espèces une espèce commune. Des ana-lyses comportementales, morphologiques et biologiques ont démontré que l'ancêtre principal, sinon unique, du chien est le loup *(Canis lupus).*

Mais laissons ces considérations scientifiques pour revenir aux représentations en psychologie populaire.

Le chien et l'idée qu'on en a

Un chien, c'est d'abord une idée de chien. L'être humain entre en relation non pas avec l'animal, mais avec l'idée qu'il s'en fait. Cette idée se reconstruit et se modifie au cours de la relation, c'est-à-dire au cours du temps.

Un jour, quelqu'un a répondu à ma question que son chien était «un cœur avec des poils». Cette personne entretenait une relation affective appréciable avec son chien — une relation de cœur — et considérait comme agréable le contact avec le pelage du chien. Le chien est un être d'attachement. Et cela veut dire que pour certains humains sa présence est nécessaire, et son absence stressante.

Des deux définitions — *Canis familiaris* ou un cœur avec des poils —, laquelle vous semble la plus pertinente?

C'est une question manipulatrice, je l'avoue. Surtout, ne choisissez pas entre ces deux définitions. Elles sont toutes deux correctes et pertinentes. Et ce livre est consacré à ce double thème. Ces deux définitions évitent le mot «animal». Or, le chien est un animal, et l'être humain est un être humain. La psychologie populaire fait bien la différence entre l'humain et l'animal. Est-ce approprié?

C'est une autre question de représentation. Doit-on séparer l'humain et les animaux ou, au contraire, établir une certaine continuité entre les différents animaux et l'animal humain? Mon hypothèse de travail est qu'une certaine continuité existe, l'humain se distinguant dans l'utilisation d'un langage symbolique.

Le chien est dépendant de l'homme

Dans les réponses reçues à la question «qu'est-ce qu'un chien?», les gens affirment que le chien est un être dépendant. À l'exception de quelques cas isolés de chiens familiers retournés à l'état sauvage, particulièrement des races husky ou chow-chow, le chien de nos pays occidentaux est incapable de subvenir seul à ses besoins. Le chien est un être dépendant. Des milliers d'années de domesticité et de sélection ont transformé les chiens pour en faire des êtres familiers sociaux. Il existe bien des meutes de chiens errants se nourrissant de détritus ou chassant une proie à l'occasion, mais il s'agit d'une petite minorité. Votre chien de compagnie, qu'il soit caniche ou saint-bernard, Jack Russell terrier ou lévrier, ne pourra survivre seul dans une nature désormais inhospitalière pour lui. Un chien, ce n'est pas un loup.

Mais le chien est toujours capable de chasser occasionnellement. Tout chien a ce potentiel. Et le chien a gardé sa capacité de mordre, de blesser et de tuer.

Chien familier et prédateur, domestique et mordeur! Le chien est un paradoxe. Sa présence dans nos foyers est un paradoxe. Arriverons-nous à élucider ce paradoxe?

Le chien en éthologie

Pour approcher d'une définition plus générale des chiens, il faut aussi parler de bien d'autres représentations, comme celle de l'éthologie. L'éthologie est l'étude du comportement d'un être dans son milieu naturel. Le milieu de vie du chien est la société humaine. L'éthologie du chien se définit désormais comme l'étude du comportement de cet être particulier dans l'environnement humain, tant sur les plans culturel et social que sur le plan matériel. Le chien emporte son bagage génétique et doit s'adapter à un environnement artificiel. Dans quelle mesure est-il capable de se construire une personnalité au sein de ce monde étrange?

Les gens amènent en consultation des chiens qui présentent des altérations comportementales. Ils attendent du vétérinaire comportementaliste des remèdes à ces problèmes quand il revient au psychiatre pour animaux de trouver des solutions. Il y a des chiens inadaptés, des chiens en souffrance psychologique et émotionnelle.

Un chien est-il un chien ?

J'espère que cette question vous surprend ! La réponse variera en fonction de la personne qui y répondra. Si l'individu est un être humain, nous connaissons déjà la réponse. Nous avons suggéré quelques hypothèses dans les chapitres précédents. Mais si l'individu qui répondait était un chien, que pourrait-il nous dire (s'il avait accès à notre langage symbolique) ?

Que répondrait le chien ?

Si le chien normal répondait à cette question, il dirait peut-être : « À ma naissance, je n'avais pas conscience d'être un chien. J'ai appris que j'étais un chien en fréquentant d'autres chiens. » Un chien qui aurait vécu une enfance dans l'isolement de ses congénères affirmerait sans doute : « Moi, un chien ? Absolument pas. Les chiens, ce sont les autres, ceux dont j'ai peur, ceux que j'agresse. Moi qui ai vécu avec des humains, je suis un humain, quelque peu dissemblable, mais je ne suis pas un chien. »

Et un chihuahua qui aurait été adopté par une chatte à l'âge de deux semaines, que nous dirait-il ? « Les chiens sont des êtres bizarres avec lesquels je ne peux pas m'entendre. Parfois, en passant devant un miroir, j'en vois un qui me fixe des yeux et cela me fait craindre le pire. Moi, je suis un chat et je joue avec les chats. Quand je serai grand, je me marierai avec une chatte. »

Bien entendu, le chien ne parle pas et ne fera jamais ces commentaires sur son identité. Je me suis fait pour l'occasion l'interprète de ces quelques représentants de la race canine.

Le chien naît sans identité

À fréquenter chaque jour des chiens à problèmes, je me suis rendu compte que le chien naissait sans identité. Et son identité, il doit l'acquérir.

 Le chien se construit. Il se construit au jour le jour. Cela ne veut pas dire que cette construction part de rien, car il existe une base génétique sur laquelle s'appuie tout cet édifice.

Cette génétique va permettre au chien de ressembler à un chien, un *Canis familiaris*, aux yeux d'un observateur pressé. Ce chien va aboyer, se déplacer à quatre pattes, manger la gueule dans son écuelle. À la puberté, si c'est un mâle, il va lever la patte. En fonction de sa race, il hurlera plutôt que d'aboyer. Il aura un pelage court ou long, rude ou bouclé. On pourra dire : c'est un berger allemand, un beau chihuahua, un beau spécimen de griffon bruxellois, un shar-peï très plissé. On pourra le photographier et le reconnaître. Mais si on prend la peine d'analyser ses comportements, la façon dont ce spécimen de chien interagit dans un groupe de chiens ou d'humains, c'est tout autre chose.

 Les comportements du chien sont très peu innés ; ils sont acquis. C'est en cela que le chien se construit jour après jour, particulièrement au cours de certaines périodes sensibles de sa vie.

Pourquoi un chien ?

J'aurais voulu demander aux chiens: «Qu'est-ce qu'un propriétaire de chien?» Mais je ne peux pas utiliser ce langage symbolique fait de mots avec les chiens. Cependant, il faudra tenter de répondre à cette question d'une autre façon.

Pourquoi prend-on un chien ?

En attendant de pouvoir répondre à la question « Qu'est-ce qu'un propriétaire de chien?», je propose de réfléchir à une autre question: pourquoi prend-on un chien? Cette question est pertinente. Pourquoi l'homme s'est-il attaché à — ou encombré de — la compagnie d'un chien depuis 15 000 ans?

Les raisons de l'acquisition d'un chien sont multiples. Je ne pourrai pas les énoncer toutes. Que s'est-il passé à la fin de la dernière période glaciaire? Des humains qui vivaient de chasse et de cueillette ont fait alliance avec des chiens. Quels en étaient les avantages? Quelles en furent les conséquences? Il nous faudrait une machine à remonter le temps pour obtenir des réponses précises. Sans cette machine, nous en sommes réduits aux hypothèses. Le chien était:

- un collaborateur de chasse;
- une «couverture» pour tenir chaud la nuit;
- un éboueur qui gardait les campements relativement propres;

- un gardien qui avertissait en cas de danger et qui tenait à l'écart d'autres prédateurs attirés par des restes de chasse et des proies faciles (enfants, humains âgés ou endormis) ;
- de la viande dans les cas de disette ;
- un compagnon de jeu et de marche ;
- un confident.

L'homme aurait-il tellement changé en 15 000 ans que ces hypothèses fussent désormais futiles ?

Pourquoi, aujourd'hui, prend-on un chien ?

Les raisons pour lesquelles on prend un chien sont nombreuses :
- tenir compagnie : avoir une présence, se promener, rencontrer d'autres gens qui ont des chiens, tenir compagnie à un autre chien…
- jouer : avec les enfants et les adultes, avec d'autres chiens…
- faire du sport : courir, faire du vélo en compagnie…
- faire faire du sport ou des compétitions : agilité, tirer un traîneau…
- travailler : garde, police, douane, décombres et avalanches, chasse, aide à un aveugle, assistance à une personne handicapée…
- combler un désir ou un manque affectif : remplacer un animal ou un humain…
- combler un besoin de contact : caresses…
- soigner un humain en nécessité psychologique, souffrant d'autisme, de dépression… soigner un chien anxieux ou dépressif…
- éduquer les enfants sur les choses de la vie : maladie, naissance, mort…
- des raisons culturelles, professionnelles : chien de vétérinaire…
- des raisons inconnues, tout simplement parce qu'on ne peut pas faire autrement que de vivre avec un chien…
- le chien lui-même, pour le sauver de la mort, d'une vie en société de protection animale, d'une euthanasie… mais ce cas est quelque peu particulier.

J'aimerais que vous réfléchissiez à la raison de la présence d'un chien ou de plusieurs chiens dans votre vie. Pourquoi désirez-vous un chien? Pourquoi avez-vous acquis un chien? Ou, éventuellement, pourquoi avez-vous accepté que l'on vous confie un chien?

Le chien leurre

Il n'est pas facile de mettre des mots sur le pourquoi des choses. Aux impressions bien objectives s'ajoute une série d'éléments émotionnels sur lesquels il est malaisé de s'exprimer. Un de ces éléments est biologique. L'être humain a tendance à se pencher vers un chiot, à le prendre dans ses bras, à le caresser. Pourquoi? Parce que ce chiot est une imitation, un leurre, de ce qui engendre chez nous un réflexe inné de protection: l'enfant nouveau-né. Le chiot et l'enfant nouveau-né présentent des caractéristiques comparables: une tête ronde, longue d'un quart par rapport au corps, un front bombé, de grands yeux. Ces caractéristiques infantiles ont même été sélectionnées à l'extrême dans quelques races de nos chiens à tête ronde et aux yeux énormes, comme le lhassa apso et le shih-tzu.

Ce type d'anatomie est courant chez tous les chiens molossoïdes comme le saint-bernard, le chien de montagne des Pyrénées et le terre-neuve. Il l'est aussi chez les chiens brachygnathes (à face courte) comme les bouledogues et les dogues de grande ou de petite taille, par exemple le bouledogue français et le boston terrier, mais aussi les petits épagneuls nains et le pékinois. On retrouve des rondeurs infantiles chez de nombreux chiens de rapport, comme le golden retriever et les hounds, et, de façon quelque peu artificielle, par le développement du pelage chez tous les chiens de type «nounours» comme le bobtail, le briard et bien d'autres races. Seules quelques races ont gardé le profil originel du loup adulte; c'est le cas du husky, des bergers belges malinois et tervueren et du berger allemand, entre autres. Des étapes intermédiaires ont été franchies avec une variation des tailles et des poids.

Je n'ai bien entendu pas énuméré l'ensemble des races, me contentant ici de donner quelques exemples.

Tous les petits chiens de compagnie constituent des variations sur le même thème, celui du bébé humain, tant en ce qui a trait au poids que sur le plan des caractéristiques morphologiques infantiles — on dit aussi néoténiques — qui éveillent ces comportements instinctifs de protection.

Prendre un chien pour le chien

Parfois, ai-je écrit, on prend un chien pour le chien, pour le sauver, pour le rendre heureux. Mais c'est encore une façon de se représenter les choses puisque c'est lié à sa propre histoire, son histoire d'humain. A-t-on vécu un abandon? A-t-on perdu un être cher? S'est-on senti très malheureux à un moment dans la vie? Peut-être ne désire-t-on pas que l'être aimé souffre comme on a souffert. On tentera dès lors de procurer au chien ce que l'on n'a pas reçu soi-même: une vie confortable, de l'amour, que sais-je?

Il y a ainsi des milliers de chiens qui trouvent refuge et confort auprès de personnes au grand cœur. Cette motivation est très louable. Elle engendre néanmoins, comme chaque représentation et chaque raison d'adopter un chien, sa propre représentation de ce qu'est un chien et ses propres techniques éducatives. Seront-elles appropriées au développement d'un chien sociable bien intégré dans une société d'humains?

L'hérédité des comportements

La peur des coups

Elle est bien révolue l'époque où l'on pensait que la peur des coups de feu ou la peur des coups de bâton était héréditaire. Il faut aussi faire table rase des racismes à l'égard des races de chiens. Votre chien fait partie de ce grand groupe qui comprend de multiples races, de nombreuses lignées, d'innombrables familles où chaque individu est un *chien* jusqu'au bout des ongles. Et le chien est un être polyvalent, capable de toutes les spécialités connues et reconnues dans les dons de l'espèce. Bien entendu, certaines races excellent dans leur catégorie, que ce soit la chasse au «nez», le sport de défense, la guidance des aveugles ou comme chien de manchon, pour ne citer que quelques-unes de ces spécialités canines.

C'est en 1934 que deux scientifiques émirent l'hypothèse d'une hérédité de la peur des coups de fusil et de celle des coups de bâton. Cette hypothèse, le monde scientifique la juge absurde aujourd'hui. L'équation «un gène = un comportement» est incorrecte. Un comportement est influencé par plusieurs gènes et de même, un gène influe sur plusieurs comportements.

La base génétique de certains comportements

Certaines caractéristiques comportementales ont une base génétique. Dans les années 1940 et 1950, les travaux de Scott et Fuller ont mis en évidence une variabilité héréditaire du seuil d'activation du *jeu de combat,* des *aboiements,* de l'*agitation,* etc.

Malgré cette mise en évidence, les deux scientifiques insistèrent sur la *grande variabilité génétique dans une même race de chiens, ce qui permettait à cette race de ressembler à une autre en seulement quelques générations.* En d'autres mots, le tempérament de votre chien pourrait ressembler à celui de n'importe quel autre chien en quelques années. C'est ce que j'entends par polyvalence. Tout tempérament, tout comportement se trouve à l'état latent dans toute race de chien, et les différences de tempérament entre lignées ou familles de chiens sont parfois plus grandes que les variations qui existent entre deux races même très éloignées.

Tout comportement, tout tempérament subit les influences conjuguées de la génétique et de l'environnement. Le tempérament d'un chien, la personnalité de votre chien est liée à ce cocktail unique.

Le façonnement du tempérament

J'insisterai dans les chapitres suivants sur l'impact de l'environnement sur le façonnement de la personnalité de votre chien. Mais j'affirmerai dès à présent que la relation sociale avec les êtres humains est quelque chose qui s'apprend et non quelque chose qui est inné. L'amitié du chien pour l'enfant, par exemple, n'est pas génétique ou héréditaire. Ce n'est donc pas le privilège d'une race quelconque ; c'est un processus qui s'apprend pendant une période particulière de la vie du jeune chien.

La littérature populaire abonde en renseignements sur le tempérament de telle race de chien ou de telle autre, sur la gentillesse ou la férocité de leurs représentants… Dans toute race, vous trouverez des individus inhibés ou agressifs, affectueux ou distants, courageux ou peureux, et ainsi de suite. *Vous en faire comprendre le pourquoi, vous faciliter la sélection d'un chiot idéal, vous permettre de l'élever et de l'éduquer dans les meilleures conditions fait partie des intentions de ce manuel.*

La fantasmatique des races de chiens

Il me reste à dire un mot important sur les races de chiens. Toutes les races de chiens ont été créées dans un but de travail, à l'exception de celles qui, comme le bichon, ont été créées uniquement pour que leurs membres servent de chiens de compagnie. La sélection nécessaire pour que le chien s'acquitte de son travail, que ce soit un travail de berger, un travail lié à la guerre ou à la chasse, ou tout autre, a laissé plus que des traces dans les races actuelles, même si le chien ne travaille plus comme avant. Mais est-ce suffisant pour se permettre de décrire, dans certaines races, des traits et des tempéraments distincts?

Certains auteurs n'hésitent pas à tenter de déterminer le degré d'intelligence d'une race, à classer ces races en fonction de leurs critères et à décrire des personnalités de races. Est-ce pertinent?

On peut dresser un catalogue de certains traits comportementaux et avancer que telle race de chien possède davantage ces traits-ci et telle autre ces traits-là. Prenons par exemple l'agressivité. Si l'on considère le nombre de morsures infligées aux êtres humains, il est certain que le berger allemand, le rottweiler et le Jack Russell terrier l'emportent dans les statistiques sur le labrador, le golden retriever et le chihuahua, par exemple. Mais on trouve des golden retrievers plus agressifs que certains rottweilers.

Le façonnement des races de chiens

La psychologie populaire n'hésite pas à parler des tempéraments propres à telle ou telle race de chien. Il y a une certaine vraisemblance à cela.

L'image d'une race existe dans la représentation humaine. Elle guide l'acquéreur vers une race particulière en fonction d'un besoin personnel. C'est dire toute la pertinence de la question: «Pourquoi prend-on un chien?» Et quel est le chien, la race de chien, qui permettra au mieux l'expression et la satisfaction de ce besoin?

Une fois acquis, ce chien de race sera éduqué suivant les préceptes qui guident l'acquéreur dans sa propre représentation de la race. Un chien de garde sera éduqué pour monter la garde, et on facilitera son penchant pour la garde au détriment, éventuellement, de ses comportements sociables.

Le chien malléable que l'on a acquis est dès lors façonné dans une direction propre à exprimer ce qu'on attend de lui. C'est en cela que la représentation que l'on a d'un chien façonne le chien. Et c'est pourquoi j'ose employer le mot «fantasme», un peu fort je l'avoue. Le chien sera fabriqué en partie selon les fantasmes du propriétaire. La boucle est bouclée. Le chien correspond à son désir, et le désir correspondait à la représentation que l'on avait du chien.

La génétique n'a pas grand-chose à voir dans tout cela. L'impact de l'environnement, de l'éducation et de l'idée que l'on a d'un chien devient prépondérant.

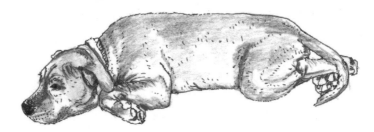

American Staffordshire Terrier, couché.

Comment se construit un chien ?

Pour le sujet qui nous intéresse, je me limiterai à la construction de la personnalité et à celle des comportements et des relations sociales.

Pour mieux comprendre, je ferai une analogie avec l'ordinateur, que presque tout le monde utilise aujourd'hui. L'ordinateur est constitué d'une structure — appelée *hardware* —, de programmes — le *software* — et d'informations — les *datas*. Globalement, un cerveau de chien se rapproche de cette description.

Cependant, cette vision mécaniste n'est qu'un modèle, entendons-nous bien. C'est un modèle simpliste parce qu'un cerveau de chien est bien plus complexe ; il utilise des circuits électriques, des circuits chimiques, des régulateurs, et nombre de productions hormonales commandées et télécommandées agissant à proximité ou à distance.

Le cerveau en tant que structure

Le cerveau du chien est constitué d'un milliard de cellules, et chacune de ces cellules envoie jusqu'à 15 000 filaments pour entrer en contact avec d'autres cellules. Chaque cellule est en quelque sorte un processeur biologique extrêmement complexe.

Mais le cerveau est un organe en développement avant d'être cette structure complexe et organisée.

Un développement chaotique

Au départ, au cours du développement de l'embryon puis du chiot nouveau-né, le cerveau multiplie les cellules et les contacts de façon presque chaotique, sous l'influence d'un programme génétique. La boîte crânienne se remplit de cellules. Mais ce développement est assez désorganisé et peu fonctionnel. Imaginez une ville avec des maisons érigées n'importe où et des chemins allant d'une maison à l'autre. Un passage rapide d'un bout à l'autre de cette ville serait impossible ; il y aurait des bouchons partout. Ou imaginez un grand magasin avec des rayonnages en tous sens et les marchandises déposées par-ci par-là au gré d'on ne sait quelle fantaisie. Désorganisé, chaotique et inefficace seraient les qualificatifs appropriés à ces situations. Il en va de même pour le cerveau au cours de cette phase.

Le suicide des cellules immatures

C'est pourquoi la biologie a prévu un système d'organisation. Pour une ville, on fait appel à des architectes urbanistes qui dessinent les plans, construisent des routes, démolissent des bâtiments gênants et en reconstruisent d'autres plus élaborés. Pour le grand magasin, on fait appel à des spécialistes de l'organisation. Le cerveau, lui, n'a à sa disposition qu'un mécanisme simple et suicidaire. Il va tout simplement détruire tout ce qui n'a pas fonctionné. Dès l'âge de 5 à 7 semaines, le cerveau du chiot entreprend un travail paradoxal : il multiplie des cellules et des contacts en même temps qu'il en détruit d'autres. Près de la moitié des cellules et des contacts vont disparaître vers l'âge de 12 à 16 semaines. Mais comment choisir ce qui doit survivre et ce qui doit mourir et disparaître au profit de l'organisation ? C'est encore une solution simple qui tire le cerveau de l'embarras. Ne seront sacrifiés que les cellules et les contacts n'ayant pas fonctionné. Comment savoir ce qui a fonctionné ? Une autre solution simple intervient encore une fois. Quand un contact entre deux cellules a fonctionné, il a émis des molécules chimiques qui ont fait réagir la cellule réceptrice. Cette cellule mûrit, et sa maturité la rend insensible aux molécules tueuses qui viennent réorganiser l'entreprise cérébrale.

La survie des cellules mûres

Oui, mais se posent alors les questions suivantes : quels sont les contacts qui se mettent en activité, quelles sont les cellules qui travaillent ?

Certaines cellules sont dotées d'une activité autonome : elles préparent des structures indispensables à un fonctionnement minimum. Certaines cellules sont par ailleurs transitoires et nécessaires pour assurer les réflexes des nouveau-nés. Elles disparaîtront. Mais la majorité des cellules sont mises en activité par des informations extérieures, des stimulations de l'environnement. Tous les récepteurs sensoriels participent à cette mise en activité du cerveau.

Imaginez un chiot dont les paupières restent fermées jusqu'à 10 à 20 jours et que l'on garde ensuite dans l'obscurité jusqu'à l'âge de 3 mois. Que va devenir son cerveau visuel ? Ce cerveau visuel, situé à l'arrière du crâne, va tout simplement se réduire à sa plus simple expression. Sans disparaître totalement, la structure même de ce cerveau visuel deviendra complètement déficitaire. Le chien sera aveugle. Son œil sera fonctionnel, mais il se montrera incapable de décoder les images.

Ce sont les stimulations visuelles de l'environnement qui créent le cerveau visuel. De la même façon, les bruits vont créer le cerveau auditif, et les odeurs le cerveau olfactif. Mais le chiot a bien de la chance puisqu'il naît avec l'odorat, le goût et le toucher partiellement fonctionnels. Les interactions sociales avec les congénères, les humains et les autres espèces créeront les parties du cerveau responsables du décodage des associations d'informations et de leur intégration en concepts.

La programmation du cerveau

À la différence d'un ordinateur, les programmes du cerveau sont indissociables de sa structure. On ne peut pas introduire une disquette dans le cerveau du chien et y copier un nouveau programme qui fonctionnera dans la structure existante. La programmation du cerveau se fait durant la phase de croissance et consiste à organiser les cellules et les contacts, créant des circuits de mémoire, de réflexes, d'associations, de contrôles, de rétrocontrôles. La base est en place à environ 3 mois. Il restera encore à fignoler et à parfaire d'autres étapes, mais tout est préprogrammé à 3 mois.

Le remplissage d'informations

C'est là une autre différence avec l'ordinateur. Celui-ci peut avoir une structure et des programmes, mais il ne fera rien si on ne lui donne pas des informations – des *datas* – pour travailler. Le cerveau du chien s'est construit avec les informations des environnements interne (perceptions de soi) et externe (perceptions du monde). La structure, la programmation et les informations sont indissociables. Bien entendu, le cerveau bien structuré et bien programmé pourra encore emmagasiner des masses d'informations, les trier, les associer et en tirer profit.

Mieux qu'un ordinateur intelligent, le cerveau est capable de déduire des règles de la répétition des informations et — à tort ou à raison — de se reprogrammer en conséquence. Cela peut entraîner une augmentation de l'adaptation et de l'intelligence ou le développement de pathologies comportementales.

Le cerveau du chien se développe en trois phases:
1. Une phase de développement chaotique qui se termine vers l'âge de 10 semaines.
2. Une phase de maturation des cellules et des contacts.
3. Une phase suicidaire qui nettoie tout ce qui n'a pas mûri. Cette phase se termine vers l'âge de 3 ou 4 mois.

Au début était l'attachement

Il est impossible de ne pas s'attacher

L'attachement est un lien apaisant privilégié à un être ou à un objet familier. Il n'y a pas d'attachement sans familiarité. Il n'y a pas de familiarité sans présence. L'attachement permet la construction de l'être social. L'absence de l'objet d'attachement est angoissante.

Un être social obligatoire

Le chien, comme l'être humain, est un être social obligatoire. Il doit vivre en compagnie d'autres êtres sociaux. Il doit « vivre avec ». Vivre seul c'est comme ne pas vivre.

Parmi les êtres ou les objets avec lesquels le chien vit, certains se chargent d'une valeur toute particulière, et leur absence prolongée entraîne une détresse. On peut mesurer l'intensité de l'attachement à l'intensité de la détresse du chien que provoque l'absence de l'être ou de l'objet d'attachement.

Tout comme l'enfant humain est attaché à ses parents et vice versa, le chiot est attaché à sa mère et la mère à ses chiots. Les humains appellent parfois cela de l'amour. C'est en effet une forme d'amour. Le chien s'attache à ses adoptants et les gens s'attachent à leur chien. Ce n'est pas qu'une notion intellectuelle, c'est quelque chose de fondamental et de biologique qui se vit dans l'émotion. C'est pourquoi la présence de l'être ou de l'objet d'attachement apaise et que son absence angoisse. C'est purement émotionnel. C'est un phénomène auquel on ne réfléchit pas. S'attacher est aussi nécessaire pour vivre que manger et boire.

Quand l'être d'attachement disparaît, on développe, après la détresse, un attachement à un autre être. Et la vie peut continuer. Si l'attachement n'est pas reconstruit, on s'arrête pour ainsi dire de vivre. La détresse et sa guérison, c'est en quelque sorte le processus de deuil.

Un chiot sans attachement dépérira, mourra. Un chien sans attachement sera déprimé. On peut tomber malade de trop d'attachement et de trop peu d'attachement. La balance est très instable.

Histoire naturelle du développement de l'attachement

À la naissance, la mère s'attache à ses chiots. Les chiots sentent et touchent leur mère. Bientôt, ils la voient et l'entendent. Ils la définissent comme un être à part, distinct. Ils se familiarisent avec elle et s'y attachent. L'attachement est désormais réciproque. Le chiot grandit, ses dents de lait apparaissent, et la mère s'éloigne ou écarte ses petits de ses mamelles endolories. Les chiots apprennent à s'attacher les uns aux autres. L'attachement prend dorénavant de multiples directions. D'autres adultes surgissent dans la vie des chiots. Leur présence continue les rend bientôt familiers. Mais il subsiste tout de même une relation privilégiée à la mère. À l'approche de la puberté, la mère décide que cette relation privilégiée doit s'arrêter. Elle chasse alors ses adolescents devenus des concurrents. L'attachement privilégié à la mère est cassé activement par l'adulte. C'est indispensable. L'attachement à la mère apaise, mais il rend infantile. Sans détachement de sa mère, le chiot ne deviendra pas adulte. Être adulte, c'est produire des hormones et être capable de vivre de façon autonome. Mais comme il est impossible de ne pas témoigner d'attachement, l'adolescent s'attache à son groupe social. Il entre dans un groupe hiérarchisé. Désormais, il est un «presque-adulte».

Histoire du développement de l'attachement en famille d'accueil

Quand le chiot est adopté par une famille, il doit faire le deuil de sa mère, de ses frères et sœurs et de ses propriétaires d'origine. Ce processus dure quelques jours pendant lesquels le chiot exprime sa détresse par des vocalises, des pertes d'appétit et des diarrhées, tout en développant un nouvel attachement pour ses adoptants. Avec le nouvel attachement, la vie reprend.

Le chiot s'attache à plusieurs membres de la famille — à tous, on l'espère. À la puberté, il produira des hormones et sera inclus dans la hiérarchie de la famille. Il deviendra plus autonome et affrontera la solitude temporaire sans difficulté.

À l'approche de la puberté, les choses peuvent se gâter si le détachement n'est pas encouragé et si le chiot maintient un attachement privilégié à un membre de la famille. La maturité sexuelle ne sera pas atteinte, le jeune chien restera infantile, il ne s'intégrera pas dans la hiérarchie, son développement social et sexuel s'arrêtera et il souffrira lorsqu'il sera isolé. C'est ce qu'on appelle l'anxiété de séparation.

Attachement et détachement

L'histoire de l'attachement est aussi l'histoire du détachement de la relation duelle — à deux — avec la mère au profit de l'attachement en relation multiple, en relation familiale et sociale.

À tout moment de sa vie, le chien peut faire le deuil d'une relation privilégiée et s'attacher à de nouveaux partenaires sociaux, créant ainsi un nouveau système dans lequel il s'intègre. L'histoire du chien domestique est une complexe histoire de familles recomposées.

Un occasionnel objet transitionnel

Dans le passage douloureux de l'attachement et du détachement à « un » à l'attachement au groupe, le chiot — tout comme l'enfant — peut utiliser un objet d'attachement qui l'aidera durant la transition. Cet objet est apaisant. Ce peut être une peluche, un chiffon, un jouet qui sera transporté partout, et auprès duquel le chiot ou le jeune chien s'endormira apaisé. La disparition de cet objet entraînera une détresse comparable à la séparation de l'être d'attachement.

Shar-peï transportant partout avec lui un canard en peluche,
objet apaisant, objet transitionnel.

Attachement et apprentissage

Existe-t-il meilleur professeur que l'être d'attachement? Par la familiarité et l'apaisement émotionnel que sa présence procure, il est le maître par excellence, celui que l'élève tente d'imiter. Il faut faire comme l'être d'attachement.

Par ce même apaisement, l'être d'attachement permet au chiot d'explorer le monde et de revenir rapidement à son contact protecteur. Cette exploration prend la forme d'un va-et-vient centré sur l'être d'attachement. Si on analyse les mouvements exploratoires du chiot alternant avec le retour auprès de l'être d'attachement, on peut le dessiner par un astérisque ou une étoile; c'est pourquoi on parle aussi d'exploration en étoile. L'attachement permet d'explorer le monde, de le rendre familier.

Grâce à ce contact privilégié, l'être d'attachement se trouve dans la meilleure position pour devenir le professeur, le maître. Il a l'affiliation, l'attention et la concentration de son élève braquées sur lui, il suscite le désir de plaire de son élève et il sera suivi par celui-ci. Ce livre-guide est là pour donner des compétences additionnelles au propriétaire de chien. L'être d'attachement peut se permettre beaucoup de choses, même quelques erreurs éducatives, qui lui seront pardonnées, parce que l'attachement — l'amour — est plus fort que la maladresse.

Sans attachement, il n'y a pas d'apprentissage, pas d'empreinte, pas de socialisation, pas d'habituation, pas de communication sociale. Sans attachement, le chiot interrompt son développement.

- L'attachement est nécessaire à la construction d'un chiot.
- L'attachement à la mère est rompu à la puberté au profit de l'attachement au groupe.
- L'attachement à la famille d'accueil est source d'équilibre ou d'anxiété de séparation.
- L'attachement est la meilleure base pour l'apprentissage.
- L'attachement permet de rendre le monde familier.

Comment se construit l'identité du chien ?

À la naissance, le chiot ne sait pas qu'il est un chien ; il doit l'apprendre. Il doit apprendre qu'il appartient à l'espèce « chien ».

L'identité est un concept

L'identité est un concept abstrait. L'intelligence du chien lui permet d'accéder à une identité d'espèce et à une conscience de son corps. Mais les scientifiques restent sceptiques sur les capacités du chien à développer une conscience de soi dans le sens « je pense, donc je suis ».

La question ne se pose pas pour le lecteur. Il sait qu'il est un être humain. Parce que la lecture nécessite l'acquisition du langage symbolique et que celui-ci exige l'acquisition de concepts complexes tel celui d'identité. L'être humain sait qu'il est humain (*homo sapiens*), il reconnaît son image dans le miroir et peut dire : « C'est moi. » Le chien non, ou pas vraiment.

Le chien s'identifie au concept de son espèce

Pour que le chien survive en tant qu'espèce, il est nécessaire que les partenaires se reconnaissent, se comprennent et s'accouplent. Il faut aussi que la mère reconnaisse ses chiots et ne les tue pas.

39

L'ÉDUCATION DU CHIEN   COMMENT SE CONSTRUIT L'IDENTITÉ DU CHIEN ?

Pour cela, il faut que le chien reconnaisse les autres chiens. S'il ne les reconnaissait pas, il pourrait les chasser et les manger — comme des proies — ou en avoir peur et fuir — comme de prédateurs.

L'observation quotidienne démontre que la grande majorité des chiens se reconnaissent entre eux, communiquent avec assez de clarté pour être compris, se reproduisent et élèvent des petits sans trop de dégâts. L'espèce canine se porte bien, preuve que tous ces mécanismes fonctionnent correctement. Je ne dirais pas qu'ils fonctionnent parfaitement.

Le plus étonnant est quand un yorkshire courtise un bouvier des Flandres ou qu'un dogue allemand tente de séduire un bichon maltais !

Un chien reconnaît presque tous les autres chiens comme faisant partie de l'espèce « chien ». Cette notion d'appartenance à un groupe, à un ensemble, est un concept. C'est une notion abstraite.

Un chien reconnaît les autres chiens quelles que soient leurs postures, debout, assis, couché, de devant et de derrière, dans toutes les dimensions de l'espace. Un chien, quels que soient son âge, sa race, sa taille et son sexe, appartient à l'espèce, au concept « chien ». C'est en fait assez prodigieux.

Plus encore, le chien reconnaît certains canidés comme faisant partie du même concept : le loup, par exemple, est reconnu et est parfois courtisé.

Le chiot doit apprendre qu'il est un chien

Ce concept « chien », le chiot ne l'a pas à la naissance. Il doit l'acquérir. Des expériences ont démontré que cette acquisition se faisait avant l'âge de 14 à 16 semaines. Après cette période, l'acquisition de ce concept devient extrêmement difficile. Or, cette période est justement celle du développement et de l'organisation du cerveau.

On peut alors émettre l'hypothèse que le concept d'appartenance à l'espèce chien soit inscrit dans la structure même du cerveau du chiot au cours de son développement, avant l'âge de 16 semaines.

40

L'ÉDUCATION DU CHIEN   COMMENT SE CONSTRUIT L'IDENTITÉ DU CHIEN ?

Deux âges sont importants à retenir:

1. Le chiot n'a pas totalement acquis ce concept d'identité à l'âge de 6 semaines.
2. Le chiot ne peut plus acquérir ce concept d'identité après l'âge de 14 à 16 semaines.

Diverses expériences et constatations cliniques ont pu démontrer ces deux faits très importants. Si un chiot de 6 semaines ou moins est isolé des autres chiens, il ne parvient pas toujours à communiquer clairement avec d'autres chiens plus tard dans sa vie. Et un chiot isolé de ses congénères peut récupérer cette compétence s'il est passivement mis dans un groupe de chiens avant l'âge de 12 semaines ou s'il est activement forcé à interagir avec des chiens par l'entremise de jeux avant l'âge de 16 semaines.

Le test du miroir

Un chiot de moins de 16 semaines désire jouer avec son image dans le miroir. Il ne se reconnaît pas lui-même, mais il reconnaît un congénère. Si le chiot n'a pas acquis le concept de l'espèce chien, il n'essayera pas de jouer avec son image dans le miroir.

Après 16 semaines, en général, le jeu avec l'image dans le miroir s'atténue. Pourquoi? Sans doute parce que l'image n'émet pas des comportements complémentaires, mais bien des comportements identiques, et que c'est très perturbant. Le chiot devient alors indifférent à l'image.

Le test de l'isolement

Un chiot de moins de 12 semaines que l'on isole dans une pièce inconnue se met à crier de détresse; il se calme en présence de l'espèce d'identification. Ce test est intéressant mais non déterminant, car le chiot se calme aussi, mais moins vite, avec les espèces «amies».

L'observation en éthologie

Toutes ces informations découlent d'une série d'observations réalisées en éthologie dans la première moitié du XXe siècle. L'exemple de Konrad Lorenz suivi par des oisons suffira

41

L'ÉDUCATION DU CHIEN   COMMENT SE CONSTRUIT L'IDENTITÉ DU CHIEN?

à notre propos. L'éthologue autrichien avait remarqué que les canetons et les oisons suivaient le premier objet qu'ils voyaient bouger. Ce « comportement de suivre » s'installe une quinzaine d'heures après l'éclosion. Il a des répercussions importantes puisqu'il orientera plus tard les comportements sociaux et sexuels de l'oiseau envers l'objet suivi au cours du premier jour. En somme, c'est comme si l'oison ou le caneton s'identifiait à cet objet, qu'il s'agisse d'un humain comme Lorenz, d'une figurine de carton ou de la mère du petit oiseau, phénomène plus courant dans la nature.

On a appelé « empreinte » ou « imprégnation » ce phénomène particulier. Le chiot subit lui aussi une imprégnation du concept de l'espèce « chien ». Nous verrons comment il peut subir une double imprégnation.

Une identification anormale

Si le chiot vit ses 12 à 16 premières semaines de vie en l'absence de chiens, il s'imprégnera de l'espèce la plus proche de la sienne dans son environnement, celle avec laquelle il a des contacts et s'adonne à des jeux sociaux. En général, il s'agit de l'espèce humaine. C'est souvent le cas de chiots orphelins nourris au biberon. C'est aussi le cas de chiots adoptés trop jeunes, vers l'âge de 3 à 5 semaines. Que deviennent ces chiots?

S'ils jouent avec des humains, ils vont s'imprégner du concept d'humain et non du concept de chien. Dès lors, leurs comportements sociaux et sexuels seront orientés vers l'être humain (du sexe opposé). En présence d'un chien, ils adopteront des comportements de prédateur (attaque) ou de proie (fuite, agression dictée par la peur). Un chien mâle mal imprégné de son espèce sera excité par l'odeur d'une chienne en chaleur mais refusera de la saillir. De son côté, une chienne ne s'identifiant pas à l'espèce canine refusera la saillie. Si l'on procède à une insémination, elle risque, au moment de l'accouchement, de maltraiter ou de tuer ses chiots.

Ce type de chien présentera aussi de nombreux autres troubles comportementaux liés à des défauts d'apprentissage du contrôle de soi et des rituels de communication. Ces dérèglements feront l'objet d'un autre chapitre.

Un chiot peut s'identifier à l'espèce humaine, mais aussi à d'autres espèces, comme le chat. C'est ce qui fut constaté lors d'une expérience où des chiots chihuahuas furent placés séparément en adoption chez des chattes, isolés de leurs congénères. À 16 semaines, ils fuyaient leur image dans le miroir ; ils préféraient la compagnie des chats et repoussaient celle des chiens. À la puberté, ils émirent les comportements de cour envers des chattes.

Un chiot mal imprégné est perdu pour l'espèce

Ces troubles de l'imprégnation sont inexistants dans la nature. L'environnement humain a permis de les faire émerger et d'en décoder les mécanismes. Il est certain qu'un animal mal imprégné du concept de sa propre espèce perd toute faculté de se reproduire. Il est donc perdu génétiquement pour son espèce.

Le chien doit acquérir le concept d'appartenance à l'espèce « chien » avant l'âge de 16 semaines afin d'émettre une fois adulte l'ensemble des comportements sociaux et sexuels envers sa propre espèce et non envers une autre espèce, par exemple l'être humain.

43

L'ÉDUCATION DU CHIEN   COMMENT SE CONSTRUIT L'IDENTITÉ DU CHIEN ?

Comment le chien reconnaît
ses amis humains ?

À la naissance, le chiot ne sait pas qui sont ses amis; il doit l'apprendre.

La notion d'ami humain

La notion d'ami, d'individu ami ou d'espèce amie, est un concept abstrait. L'intelligence du chien lui permet d'accéder partiellement à ce concept. Mais nous verrons que ce n'est pas simple.

Cette fois, la question se pose pour le lecteur. Vous aussi devez apprendre avec qui vous pouvez vous lier d'amitié. Et ce qui est vrai pour l'amitié d'humains pour d'autres humains l'est aussi pour l'amitié d'humains pour diverses espèces animales. Certains aiment les chiens, d'autres les chats, d'autres encore les oiseaux ou les araignées. L'amitié pour une certaine espèce animale s'apprend.

On comprendra dès lors qu'il n'y a pas de raison qu'il en soit autrement chez le chien. Les auteurs qui parlent d'une amitié instinctive de telle ou telle race de chien pour les enfants se trompent lourdement. Il n'y a pas de gène — de chromosome, de génétique — de l'amitié pour l'enfant chez le chien. Tout cela demeure, encore une fois, une question d'apprentissage.

45

L'ÉDUCATION DU CHIEN   COMMENT LE CHIEN RECONNAÎT SES AMIS HUMAINS ?

L'ami est un concept

Le chien vit avec l'homme depuis 15 000 ans. C'est une démonstration suffisante : le chien est capable d'apprendre à intégrer l'humain comme espèce amie, comme concept d'espèce amie. Cela ne l'oblige pas à aimer tous les gens, mais cela lui permet de reconnaître un humain, sous tous ses aspects, habillé ou nu, debout ou assis, couché ou inversé, la tête en bas.

L'homme, la femme et l'enfant sont des concepts différents

L'être humain, en tant qu'espèce, est une idée, un symbole, un concept que le chien a des difficultés à comprendre. Un humain bébé, adulte ou âgé n'est pas toujours reconnu comme étant un même concept, mais parfois comme des concepts différents.

L'homme, la femme, l'enfant, la personne âgée, la personne moins valide, un Blanc (caucasien), un Asiatique, une personne à la peau noire ou foncée, voilà autant de concepts différents. Je propose de les appeler des concepts de différents « types » humains.

Le chiot doit apprendre quel type humain est un ami

Tout comme le concept « chien » dont nous avons parlé précédemment, le chiot ne naît pas avec le concept d'« ami ». Il doit l'acquérir. Des expériences ont démontré que cette acquisition se faisait avant l'âge de 14 semaines. Passé cet âge, l'acquisition de ce concept devient extrêmement difficile. Or, comme nous l'avons vu plus haut, cette période est précisément celle du développement et de l'organisation du cerveau.

On peut alors émettre l'hypothèse que le concept d'« ami » (par exemple un « type » d'humain) soit inscrit dans la structure même du cerveau du chiot au cours de son développement, avant l'âge de 14 semaines. Ici, trois faits sont importants à retenir :

1. Le chiot n'a pas totalement acquis ce concept d'ami à l'âge de 6 semaines.
2. Le chiot aura de la difficulté à acquérir aisément ce concept d'ami après l'âge de 14 semaines.

46

L'ÉDUCATION DU CHIEN   COMMENT LE CHIEN RECONNAÎT SES AMIS HUMAINS ?

3. Après 14 semaines, le chiot est encore apte à acquérir ce concept, mais avec beaucoup plus de difficulté.

Diverses expériences et constatations cliniques ont fait la démonstration de ces étapes cruciales. Si un chiot de 6 semaines ou moins est isolé des humains, il ne parvient pas toujours à communiquer clairement avec les humains plus tard dans sa vie. Mais un chiot isolé des humains peut récupérer cette compétence s'il est passivement mis dans un groupe d'humains avant l'âge de 10 semaines ou s'il est activement forcé d'interagir avec des personnes par l'entremise de jeux avant l'âge de 14 semaines.

Après 14 semaines ou à l'âge adulte, le chien est encore capable de s'attacher à une personne. Cet attachement nécessite cependant des conditions spéciales de vie et de dressage; il se limite à l'éducateur et, éventuellement, à quelques membres de son entourage. On dit de ce chien qu'il n'a qu'un maître et on a raison parce que ce chien n'a pas pu intégrer d'autres concepts que celui de son seul ami. Les autres individus à l'apparence humaine ne sont pas pour lui des amis; ils n'appartiennent pas au même concept.

Une mauvaise acquisition du concept de l'ami humain

L'observation clinique et expérimentale a démontré que le comportement d'un chien acquis tardivement après avoir vécu sans contact humain s'apparentait à celui d'un canidé sauvage, d'un animal retourné à l'état sauvage. Un éducateur pourra avec patience et compétence en faire un compagnon exclusif, mais ce ne sera jamais un chien de famille. Bien plus, l'animal pourrait considérer les enfants comme du gibier. On peut émettre l'hypothèse que ce chien aurait la conception suivante des gens qu'il rencontre:
• Son éducateur = concept d'ami.
• Les humains adultes = concept d'animal ou d'individu dangereux.
• Les enfants de petite taille = concept de petit animal ou de gibier potentiel.

Bien entendu, ce ne sont que des hypothèses. Personne ne sait réellement ce qui se passe dans la tête — l'univers de représentation — du chien.

Socialisation primaire et secondaire

 On appelle socialisation cette acquisition du concept d'ami, du concept d'individu social et des compétences à interagir, à communiquer et à se comprendre avec d'autres individus sociaux. On dit que cette socialisation est primaire lorsqu'elle survient avant l'âge de 14 semaines. Elle est secondaire lorsqu'elle se produit après 14 semaines.

La socialisation primaire intègre les concepts dans la structure du cerveau. Cette intégration est quasi permanente. Elle nécessite cependant un entretien ultérieur.

La socialisation secondaire intègre les concepts dans une banque de données, mais pas dans la structure du cerveau. Cette socialisation est aléatoire et temporaire, et elle s'oublie aisément si elle n'est pas entretenue par la présence permanente de l'ami humain.

Une socialisation précaire

Quel chiot vit ses premières semaines en présence de tous les types humains et en inter-action avec eux — grâce au jeu —, du bébé au vieillard, du Blanc au Noir, du valide au moins valide ? Aucun, sans doute. La plupart des chiots acquièrent des concepts (socialisation primaire) qui se rattachent à certains types humains. On peut émettre l'hypothèse suivante : plus le chiot a été enrichi en concepts différents, plus il pourra réaliser une socialisation secondaire riche ; peut-être pourra-t-il accéder à ce concept global d'espèce humaine.

Cette socialisation est également précaire, parce qu'elle ne s'inscrit pas définitivement dans les réseaux de cellules nerveuses. Il semble qu'elle nécessite un apprentissage continuel. À la puberté, qui survient entre 5 et 12 mois, suivant la taille de la race, le chien adolescent perdra de la sociabilité.

Socialisation et sociabilité

 La socialisation est la capacité d'entrer en relation sociale avec un type d'individu donné. Elle nécessite l'apprentissage de moyens de communication spécifiques.

48

L'ÉDUCATION DU CHIEN   COMMENT LE CHIEN RECONNAÎT SES AMIS HUMAINS ?

La sociabilité est le désir d'entrer en contact avec le type d'individu auquel on a été socialisé. Un individu très sociable accepte et recherche de nombreux contacts sociaux.

Le chien bien socialisé aux différents types humains est capable de communiquer avec eux, bébés ou personnes âgées, Blancs ou Noirs. Le chien sociable recherche leur contact, joue avec eux, participe à des balades en groupe. Le chien asocial évite leur contact, même s'il est capable de communiquer correctement avec eux. Par exemple, un chien adolescent perdra l'envie de communiquer avec les gens qui n'appartiennent pas à son groupe social, à sa famille. Il est capable de jouer avec le cadet de 4 ans, de se promener avec l'aînée de 15 ans, de faire la cour gentiment à sa propriétaire et de se coucher aux pieds du papi qui lit tranquillement devant le foyer. Mais il se tiendra à l'écart des autres personnes qui n'habitent pas sous le même toit ou qu'il ne fréquente pas très régulièrement.

Aboyer contre des étrangers qui entrent à la maison fait partie des rôles que l'on demande au chien de remplir depuis 15 000 ans. Il doit comprendre que ces gens sont des types humains connus, qu'ils sont extérieurs à la famille, qu'ils peuvent intégrer les lieux suivant un rituel d'entrée et d'accueil précis. D'autre part, il doit rester sociable avec les membres de la famille. Au concept de type humain ami, il doit ajouter ceux de «type humain connu-ami-familier» et de «type humain connu-étranger» qui seront peut-être un jour des amis.

Socialisation, peur et phobie

Quand le chien n'a subi aucune socialisation à un type humain particulier — par exemple le type «enfant» — il risque d'être incapable d'interagir avec lui. Il adoptera alors les seules stratégies à sa disposition : l'agression en présence d'un gibier, la fuite devant l'inconnu, l'agression par peur face à l'épouvantable.

Le chien qui a la phobie des enfants devra apprendre par socialisation secondaire à entrer en communication avec eux. C'est un processus complexe et lent. La prévention par une exposition convenable aux enfants avant que le chiot n'atteigne l'âge de 14 semaines eût été bien plus aisée.

49

L'ÉDUCATION DU CHIEN   COMMENT LE CHIEN RECONNAÎT SES AMIS HUMAINS ?

Le même raisonnement s'applique aux phobies des personnes handicapées, des personnes dont la couleur de la peau diffère, des hommes ou des femmes.

Ce type de phobie liée au développement du chiot est plus difficile à guérir que les phobies consécutives à un traumatisme. Elle sera plus aisée à traiter si le chien s'est par ailleurs familiarisé à un grand nombre de types humains différents. Dans ce cas, le chien, par un simple processus d'extrapolation, de généralisation, sera capable d'intégrer le nouveau type humain par ressemblance à d'autres types déjà connus, pour autant que l'expérience soit plaisante.

50

L'ÉDUCATION DU CHIEN   COMMENT LE CHIEN RECONNAÎT SES AMIS HUMAINS ?

Comment le chien reconnaît
ses amis animaux ?

À la naissance, le chiot ne sait pas qui sont ses amis ; il doit l'apprendre.

La notion d'ami animal

La définition que j'ai donnée lorsque j'ai parlé de l'acquisition de la notion d'ami humain — type humain particulier ou espèce humaine dans sa globalité — est valable pour l'acquisition de la notion d'ami animal. C'est un concept abstrait que l'intelligence du chien permet de saisir.

Le chat, le lapin, le canard
sont des concepts différents

La vie intellectuelle d'un canidé sauvage est bien plus simple que celle d'un chien domestique. Le chiot sauvage, qui vit en la seule compagnie de ses semblables, a intégré le concept de «congénère» et respecte celui-ci. *Tout le reste se mange.*

Si l'animal est seul, il se contentera de gibier à sa mesure : lapins, campagnols, etc. En revanche, quand il se trouve dans un groupe, un gros gibier comme

Un chien socialisé aux poussins.

51

L'ÉDUCATION DU CHIEN   COMMENT LE CHIEN RECONNAÎT SES AMIS ANIMAUX ?

un daim ou un cerf fera mieux l'affaire. Par expérience, suivant que la proie se défende correctement ou non, il y aura une classification en gibier facile à capturer — comme un faon ou un chevreuil — ou difficile à capturer — comme un cerf adulte, par exemple.

Mais globalement, pour un canidé sauvage, un lapin ou un chat, c'est un petit gibier. Ce menu gibier est un concept, reconnu dans les trois dimensions de l'espace. Il y aura le petit gibier qui se cache dans des trous creusés dans le sol et le petit gibier qui grimpe aux arbres. Le chien féral (sauvage) pourra faire cette différence et adapter ses stratégies de capture.

Pour le chien domestique, il se doit d'en être autrement, du moins si les propriétaires veulent faire cohabiter chiens et chats, et lapins…

Les médias présentent souvent des images plaisantes de chiens qui jouent avec des chats, de chats qui jouent avec des souris, de chiens amis avec des canards. Comment est-ce possible ?

L'acquisition du concept d'animal ami

Le même procédé qui permet à certains types d'humains de devenir les meilleurs amis du chien favorise l'amitié du chien pour certains types d'animaux. Un double procédé est alors à l'œuvre :
1. Une socialisation primaire avant l'âge de 14 semaines avec imprégnation du concept dans la structure même du cerveau.
2. Une socialisation secondaire après l'âge de 14 semaines sans imprégnation dans la structure cérébrale.

L'ami ne se mange pas

Les chiens de ferme, qui ont vécu leur développement avant l'âge de 14 semaines en compagnie d'autres espèces, ont appris à respecter celles-ci : chats, volaille, cochons, etc. Étonnamment, ils ne les chassent plus.

52

L'ÉDUCATION DU CHIEN   COMMENT LE CHIEN RECONNAÎT SES AMIS ANIMAUX ?

Les chiens de ville, qui n'ont pas vécu le même développement, se mettent à chasser les chats et la volaille, parfois même le gros bétail. Un chien élevé avec un chat noir respecte souvent les chats noirs, mais pourchasse les chats d'une autre couleur.

En règle générale, l'ami ne se mange pas. Le concept d'ami semble exclure le concept de proie. Et c'est logique. Quand le chiot opère une identification à son espèce, c'est-à-dire lorsqu'il acquiert le concept de chien, il perd la faculté de manger du chien. Le chien n'est pas cannibale. Certaines araignées, certains insectes comme les mantes religieuses sont cannibales. Pas le chien, du moins pas le chien qui a acquis le concept de chien. En revanche, un chien qui s'identifie mal à son espèce peut manifester des comportements de chasse à l'égard d'autres chiens.

Le processus qui permet au chien de se faire des amis parmi d'autres espèces — humaine ou animales — est fondamentalement le même que celui qui permet l'identification à l'espèce. Il aboutit au même résultat, qui est de ne pas manger le type d'individu, voire l'espèce, dont le chiot s'est socialement imprégné. Plus encore, ce processus permet la communication — socialisation — et la recherche de la présence et du contact — sociabilité — avec ces individus.

Une imprégnation précaire

Si le processus est globalement le même que pour l'identification à l'espèce, il n'en a pas toutes les caractéristiques. Alors que l'identification à l'espèce est indélébile et permanente, la socialisation à une autre espèce peut s'effacer et est temporaire si elle n'est pas remémorée régulièrement.

La socialisation à une autre espèce est partielle. Le chiot se familiarise avec un type dans l'espèce, par exemple les chats noirs, les lapins blancs et les poules brunes. Il ne va pas de soi que ce concept s'étende aux chats blancs, aux lapins gris et aux poules bicolores. Il ne va pas de soi non plus que ce concept s'étende aux chatons, aux lapereaux et aux poussins.

53

L'ÉDUCATION DU CHIEN   COMMENT LE CHIEN RECONNAÎT SES AMIS ANIMAUX ?

S'entendre comme chiens et chats

Beaucoup de familles désirent faire cohabiter chiens et chats. Ce n'est pas une entreprise aisée. Comme nous l'avons vu, il faut idéalement que chaque animal ait acquis le concept de l'autre espèce en tant qu'amie afin qu'ils fraternisent plutôt que de se combattre ou de se manger.

Si la socialisation primaire n'a pas eu lieu, il faut recourir au processus long et ardu de la socialisation secondaire. Chiens et chats peuvent alors apprendre à se tolérer, à se respecter, à vivre en parallèle dans la demeure. Mais, bien souvent, le chien retrouve l'envie de poursuivre le chat dès qu'il le voit hors des lieux protégés. En fait, vous n'aurez jamais la certitude que tout se passera bien.

Peu de chats s'arrêtent pour faire face à un chien. Les chats préfèrent fuir. Et l'instinct de poursuite des chiens est activé par un objet en mouvement rapide. Dès lors, c'est plus fort que lui, le chien se met à poursuivre le chat et reste sourd à tout commandement des propriétaires. Ayant mis le chat en fuite, ou croyant l'avoir mis en fuite, le chien est valorisé dans son action. Il recommencera.

Il est rare de voir des chiens ayant une phobie des chats. Mais cela peut se rencontrer, généralement chez de petits chiens n'ayant pas été en contact avec les chats dans leur jeune âge ou ayant subi quelques coups de patte d'un chat en autodéfense.

L'arche de Noé

Imaginez tous les animaux du monde s'accepter, se reconnaître et se tolérer, voire se mettre à communiquer. Cette vision de rêve n'est pas totalement exclue. On ne sait pas s'il y a une limite à l'imprégnation, à l'acquisition du concept d'autres espèces amies. Dans la nature, c'est une impossibilité. Dans l'environnement humain, les chiens peuvent apprendre à vivre avec des chats, des lapins, des souris et des rats, des poules, des perroquets, des chevaux, du bétail, des éléphants, des animaux dits sauvages comme des loups, des dingos, des renards, des ratons laveurs, et aussi des tortues, des serpents, des dauphins… sans oublier des dizaines de types humains et des centaines de races de chiens. Cette liste n'est pas limitative.

54

L'ÉDUCATION DU CHIEN   COMMENT LE CHIEN RECONNAÎT SES AMIS ANIMAUX ?

Idéalement, le chiot devrait être exposé à toute cette ménagerie avant l'âge de 14 semaines. C'est impossible, à moins de vivre dans un cirque et une ferme tout à la fois! Ce qui est sûrement réalisable, en revanche, c'est d'exposer le chiot à une grande variété de types d'animaux, de saisir toute occasion de le faire entre 5 et 14 semaines et de rendre chaque rencontre aussi enrichissante et positive que possible.

55

L'ÉDUCATION DU CHIEN   COMMENT LE CHIEN RECONNAÎT SES AMIS ANIMAUX?

Comment le chien s'adapte-t-il
à son environnement ?

On imagine très bien un canidé sauvage dans son environnement : le renard dans la forêt et les champs, le loup dans la neige, le loup abyssinien dans les montagnes désertiques, le fennec dans le désert, le dingo dans les plaines d'Australie. Et on pourrait croire qu'il est tout naturel que le chien vive en ville ou à la campagne. Détrompez-vous. Le loup, le dingo, le renard et le chien doivent apprivoiser l'environnement dans lequel ils vont vivre, au risque de ne pas s'y adapter.

Un loup élevé dans un zoo ne pourra pas s'adapter à la vie en forêt. Un chien élevé à la campagne pourra difficilement s'adapter à la vie en ville.

Le concept de biotope

L'environnement est constitué de nombreuses informations que le chien perçoit par les sens : des images, des sons, des odeurs, des goûts, des sensations tactiles. L'environnement est infiniment complexe. Pour le chien, il deviendra ce « bruit de fond » au sein duquel il vivra toute sa vie ou une partie de sa vie.

Vous aussi, ami lecteur, vivez dans un environnement complexe. Certains d'entre vous, habitués aux bruits de la ville, ne dorment plus à la campagne : c'est trop silencieux. D'autres, habitués au calme, sont angoissés dans un centre urbain. Le milieu dans lequel on vit devient une référence pour le cerveau. Ce milieu envoie des informations au cerveau

57

L'ÉDUCATION DU CHIEN   COMMENT LE CHIEN S'ADAPTE-T-IL À SON ENVIRONNEMENT ?

sans arrêt, jour et nuit. Mais le cerveau ne réagit plus à tout ce chaos d'informations ; il s'y est habitué.

Malgré sa complexité, l'environnement — le biotope — est conceptualisé dans le cerveau. C'est un concept concret et non abstrait, constitué de multitudes de petits éléments de perception appelés « percepts ». Ce terme désigne en fait le premier élément de représentation d'une information externe dans le cerveau. Une voiture, réalité objective du milieu urbain (composée sur le plan visuel de formes, de couleurs, de mouvement, de vitesse), est perçue par l'œil pour créer une image sur la rétine (partie sensible de l'œil) et ensuite être codée sous forme d'impulsions électriques et de réseaux de cellules nerveuses dans le cerveau occipital, ou cerveau visuel, situé à l'arrière du crâne. Cet ensemble de cellules forme une image codée de la voiture. C'est ce qu'on appelle un percept ou une image neurologique. De l'ensemble de ces images perçues de différents angles de vue, le chien déduira le concept de voiture de tel type et de telle couleur.

La campagne, la ville, la montagne et la mer

L'environnement dans lequel le chiot vivra une fois arrivé à l'âge adulte, que ce soit la ville, la campagne, la côte, la montagne ou la mer (sur un bateau), a chaque fois des caractéristiques remarquables et différentes, un « bruit de fond » original, un taux de décibels (mesure de l'intensité du son) spécifique, un bouquet d'odeurs définies, une masse distinctive d'objets en mouvement. Tous les sens collaborent à la formation d'une image mentale, d'un percept singulier de chaque environnement.

Tous ces environnements possèdent des points communs. À la ville comme à la campagne, il y a des gens, des véhicules, des mouvements de personnes, d'objets et d'animaux. Mais vous pouvez faire la différence, vous pouvez dire « je suis à la campagne », ou « je suis dans un petit village », ou « je me trouve dans une grande ville, dans un centre urbain », ou encore « je me balade dans un centre commercial, une braderie ou une gare ». Vous êtes capable d'identifier chacun de ces environnements à ses particularités. Ces singularités donnent à chaque milieu sa représentation, son concept.

Le chien est lui aussi capable de comprendre qu'il se trouve dans un environnement différent et d'assimiler la notion de concept de biotopes variés.

58

L'ÉDUCATION DU CHIEN   COMMENT LE CHIEN S'ADAPTE-T-IL À SON ENVIRONNEMENT ?

Le chiot des villes, le chiot des champs

 L'observation clinique a démontré que le chiot s'adaptait plus facilement en passant d'un biotope riche à un milieu pauvre que l'inverse. Cela signifie qu'un chiot qui a grandi en ville s'adapte mieux à la campagne ou à la mer qu'un autre qui a vécu à la campagne — le chiot des champs — et qui doit émigrer en ville. Ce dernier souffre souvent de peurs et de phobies des choses de la ville, des voitures, du bruit urbain, du trafic, de la masse de gens que l'on retrouve dans la rue, dans les marchés, les braderies et les gares. Ce chiot semble submergé d'informations. Ne sachant qu'en faire ni comment les organiser, il prend peur. Certains paniquent et tentent de fuir ces lieux effrayants.

Le chiot de ville semble plus à l'aise dans tous ces environnements agités et bruyants, pour autant qu'il les ait fréquentés avant l'âge de 14 semaines. Le chiot d'appartement qui n'a pas mis le nez dehors, du moins dans les lieux mouvementés et bruyants, avant l'âge de 14 semaines ne se débrouille pas mieux et panique autant que le chiot des champs.

Vivre dans un biotope, cela s'apprend

À la naissance, le chiot ne sait pas quel sera son biotope familier, celui dans lequel il se sentira à l'aise pour évoluer, grandir, trouver son bien-être. Il va devoir l'apprendre.

Nous avons vu comment un chiot qui a vécu sa petite enfance dans l'obscurité devient aveugle parce que les cellules du cerveau responsables de la vision, qui n'ont pas fonctionné, se sont atrophiées. Le même raisonnement s'applique à d'autres informations provenant de l'environnement.

Le chiot des champs

 Prenons l'exemple d'un chiot qui a vécu dans un appartement bien isolé du bruit extérieur, dans un milieu calme et champêtre ou dans un chenil d'élevage odorant et retentissant des aboiements des chiens mais pauvre en informations sur la société et le monde extérieur. Ce chiot reçoit une faible variété d'informations et, en conséquence, son cerveau est peu stimulé. Dès lors, le nombre de cellules et de contacts entre les cellules qui

59

L'ÉDUCATION DU CHIEN   COMMENT LE CHIEN S'ADAPTE-T-IL À SON ENVIRONNEMENT ?

survivront au programme suicidaire d'organisation sera limité. Ce chiot démarre la vie avec un handicap certain ; son ordinateur de cellules cérébrales est assez rudimentaire.

Ce cerveau élémentaire est pleinement efficace tant que le chiot ne change pas de milieu et tant que le milieu ne change pas, ne s'enrichit pas. Si un changement survient, l'ordinateur se montre incapable d'assimiler toutes les informations ; il est en surcharge, il panique, et le chien vit des émotions violentes, des peurs, des états de panique qui le font fuir ou agresser le stimulus perturbateur — enfant, adulte, voiture, montgolfière…

Le chiot des villes

Prenons maintenant l'exemple du chiot des villes qui a été mené par son éleveur ou son propriétaire un peu partout dans la ville, du marché au grand magasin, du métro à la gare de chemin de fer, de la place publique au cirque ambulant, qui a rencontré nombre de personnes et s'est laissé caresser par celles-ci, qui a vu le monde de la ville le jour comme la nuit. Le cerveau de ce chiot a été stimulé. Pratiquement chaque cellule, et chaque contact entre ces milliers de cellules, a reçu une information, a mûri, a développé des réseaux fiables et a survécu au massacre du programme suicidaire organisateur. Voilà un chiot pourvu d'un ordinateur puissant, prêt à faire face à de nombreuses situations, à une grande variété de biotopes que le chien pourrait rencontrer à l'âge adulte. Bien sûr, ce cerveau n'aura pas tout vu, tout entendu, tout goûté, tout senti, tout touché, tout vécu. Mais il aura intégré un concept de monde environnant riche et complexe, varié et multiple. Ce chiot sera-t-il étonné de l'apport de nouvelles complexités dans son monde ? Sera-t-il mieux à même de faire face à des situations nouvelles et complexes telles que la vie sur un bateau ou des déplacements en avion ou en train ?

Quand l'ordinateur n'est pas assez puissant

Quand le chiot s'est développé dans un milieu peu stimulant, son cerveau, l'ordinateur cérébral, est assez élémentaire. Lorsque le chiot est déplacé dans un milieu plus riche en stimulations, son cerveau n'arrive pas à s'adapter. Il court-circuite, il sature, il déclenche des réactions excessives par rapport aux informations reçues ou, tout simplement, il cale,

60

L'ÉDUCATION DU CHIEN · COMMENT LE CHIEN S'ADAPTE-T-IL À SON ENVIRONNEMENT ?

il se bloque, il coince. Cette image du cerveau ordinateur est assez correcte. Le chiot développe des états de peur ou d'anxiété qui sont révélés par des comportements de fuite, d'évitement, d'inhibition — le chiot ne bouge plus —, d'agression par peur, et par des symptômes physiques tels que le halètement, des tremblements, la transpiration des coussinets, des diarrhées ou des pipis d'émotion.

On a appelé *syndrome de privation* cet état pathologique lié à l'inadéquation du milieu d'élevage au biotope de vie adulte.

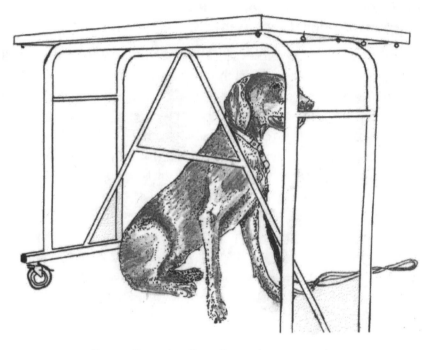

Braque allemand souffrant d'un syndrome de privation
se protégeant sous une table d'examen chez le vétérinaire.

Le chien qui souffre d'un syndrome de privation voit ses facultés émotionnelles et intellectuelles réduites. C'est un handicap dans la vie d'un chien moderne. Il existe bien

61

L'ÉDUCATION DU CHIEN   COMMENT LE CHIEN S'ADAPTE-T-IL À SON ENVIRONNEMENT ?

des traitements, sous forme de médicaments ou de thérapies, mais ceux-ci exigeront des mois de patience avant que la situation ne s'améliore. N'oublions pas que nous avons affaire à une structure cérébrale limitée et que personne ne pourra enrichir ce cerveau de nouvelles cellules. La nature permet le développement de nouvelles connexions entre les cellules et l'établissement de nouveaux réseaux au sein de la structure existante. C'est la seule chance qu'ont ces chiens d'évoluer vers la guérison.

Choisir un chiot, c'est choisir aussi un biotope de développement

La formule «mieux vaut prévenir que guérir» prend ici tout son sens. Si vous désirez un chien qui puisse s'adapter à tous les environnements, il faut qu'il soit doté d'un cerveau riche en cellules, en connexions et en organisation. Pour cela, il faut que ce cerveau ait été stimulé pendant le développement du chiot, avant l'âge de 14 semaines. Cette stimulation doit par ailleurs être variée, enrichissante, positive. Tous les éleveurs n'ont pas l'occasion d'emmener leurs chiots dans les gares et les marchés publics afin de leur faire connaître ces environnements complexes. Mais tous ont la possibilité de créer chez eux un environnement stimulant pour la psychomotricité des jeunes chiens.

Lorsque vous souhaitez acquérir un chien, vous devez, après avoir déterminé la race qui vous convient, choisir un élevage où l'on s'est efforcé de maximiser le développement du cerveau du chiot. Ce chiot a les meilleures chances de pouvoir s'adapter à la plupart des conditions de vie et des environnements qu'un chien peut rencontrer au cours de son existence. C'est pourquoi j'insiste sur le fait que choisir un chien c'est aussi choisir un élevage, un biotope de développement enrichissant.

Un milieu de développement enrichi : la pièce d'éveil

Chaque éleveur pourrait installer dans sa maison une pièce d'éveil et d'enrichissement psychomoteur dans laquelle les chiots passeraient plusieurs heures par jour. Cette pièce permettrait l'éveil de tous les sens.

62

L'ÉDUCATION DU CHIEN   COMMENT LE CHIEN S'ADAPTE-T-IL À SON ENVIRONNEMENT ?

- Sens tactile : plusieurs revêtements de sol différents, de textures variées.
- Sens visuel : des objets de formes et de couleurs variées, des jouets d'enfants colorés, des balles, des miroirs, des objets en mouvement ; un téléviseur.
- Sens auditif : des enregistrements de sons que l'on entend en ville et à la campagne : bruits de voitures, hennissements de chevaux, beuglements de vaches, pétarades de tracteurs, etc. Une radio diffusant en alternance de la musique moderne et classique est déjà une bonne idée.
- Sens olfactif et gustatif : des mets variés, des parfums, des odeurs d'humains et d'animaux divers.
- Sens multiples : de nombreux objets, des personnes, des chats, des oiseaux dans une volière, etc. stimulent tous les sens des chiots.

En somme, cette pièce pourrait très bien être la cuisine d'une famille avec des enfants, des jouets d'enfants, des bruits de casserole, une radio, peut-être un poste de télévision, les odeurs multiples des plats cuisinés, un carrelage ou un tapis au sol, et une présence permanente de personnes qui vont et viennent, murmurent, parlent, crient parfois. Une cuisine est une pièce riche. N'en privons pas les chiots.

Chiot de cuisine et chiot d'élevage industriel

Tout ce qui précède nous permet de comprendre qu'un chiot ayant vécu son développement dans une cuisine a un cerveau enrichi. Un chiot qui a grandi dans une annexe, dans un chenil éloigné des lieux d'habitation, dans des cages à poule empilées les unes sur les autres a un cerveau appauvri par rapport au précédent.

Que peut-on faire aujourd'hui pour que chaque chiot ait le maximum de chances de vivre un développement optimal ? Existe-t-il une volonté politique de changer les lois sur l'élevage canin ? Quoi qu'il en soit, c'est au lecteur de faire ses choix, et ceux-ci seront d'autant plus judicieux que l'acquéreur sera bien informé.

63

L'ÉDUCATION DU CHIEN   COMMENT LE CHIEN S'ADAPTE-T-IL À SON ENVIRONNEMENT ?

Le biotope est constitué d'une multitude d'informations qui définissent l'environnement. Le chiot perçoit ces informations et se familiarise avec cet environnement qui contribue à la construction et à l'organisation de son cerveau. Un chiot qui a vécu dans un biotope pauvre s'adaptera mal à un environnement riche.

64

L'ÉDUCATION DU CHIEN   COMMENT LE CHIEN S'ADAPTE-T-IL À SON ENVIRONNEMENT ?

Comment le chien apprend-il à se contrôler ?

Le contrôle de soi est un savant mélange d'hérédité et d'apprentissage. Il est fondamental pour la vie en société, qu'il s'agisse d'une meute de chiens ou d'une famille comprenant des humains et d'autres animaux.

Quand je parle de contrôle, j'entends le contrôle des mouvements, le contrôle des morsures, le contrôle et l'interruption de tout comportement.

Un comportement organisé en trois phases

Chaque séquence comportementale et chaque *unité de comportement* –, tout comportement est composé de multiples unités, aussi appelées actes – est organisée en trois phases : un début, une action, une fin.

Les *premiers comportements étudiés par les éthologues et les psychologues* ont été ceux touchant l'ingestion alimentaire : les trois phases correspondent à la faim, à la consommation (manger) et à la satiété. La satiété contrôle l'ingestion des aliments. Sans satiété, le chien mangerait sans cesse, jusqu'à ce que son estomac soit rempli, et encore : il régurgiterait pour réingérer ensuite les aliments. Sans satiété, le chien est boulimique.

Lorsqu'il est question d'agression compétitive, on parle de la phase de menace, de l'attaque et de l'apaisement. Sans apaisement, le combat continuerait sans arrêt, aboutissant à des plaies affreuses ou à la mort du congénère. L'apaisement est un rituel où le

65

L'ÉDUCATION DU CHIEN   COMMENT LE CHIEN APPREND-IL À SE CONTRÔLER ?

perdant se soumet et où le vainqueur prend une position haute, cessant toute attaque ou morsure.

Mécanismes de régulation

Il y a dans le corps des dizaines de mécanismes de régulation et de contrôle. Certains sont liés à des taux d'hormones ou de molécules dans le sang, à des centres spécifiques dans le cerveau, à des influences en chaîne relevant de la chimie du système nerveux.

 Le contrôle des mouvements volontaires est soumis à l'efficacité d'un petit interrupteur cérébral constitué de quelques cellules nerveuses en série, un peu à l'image d'un interrupteur électrique. Comme de nombreuses autres structures du cerveau, cet interrupteur nécessite une maturation, et celle-ci dépend de l'influence de l'environnement, dont l'éducation. Si la structure de cet interrupteur est déficiente, le chien risque de devenir hyperactif.

Le contrôle de la motricité volontaire

Les chiots de 5 semaines se poursuivent l'un l'autre. Ils gambadent, crient, gesticulent et vont en tous sens. À un moment qu'elle juge opportun, la mère choisit un chiot, le poursuit, vient sur lui, semble l'attaquer. Gueule ouverte, elle saisit la tête entière du chiot ou une partie de son crâne, le happe par le cou ou les oreilles, le pince. Le chiot hurle, pousse un « kaï » retentissant et s'immobilise quelques secondes. La mère relâche son rejeton qui s'ébroue et se relance dans le jeu. Elle reproduit le même geste éducatif dans les quelques secondes qui suivent ou plus tard dans la journée. Progressivement, elle provoque chez le chiot un arrêt du jeu, l'adoption d'une position couchée (sur le ventre) inhibée de plus en plus longue qui atteindra finalement plus de 30 secondes à une minute.

L'apparente violence de cette manipulation est contredite par l'attrait du chiot vers sa mère. Après le « kaï » et l'immobilisation, le chiot se lance à la poursuite de sa mère. Cette technique éducative n'engendre aucune peur. Pourquoi ? Parce que la mère n'y met pas d'autre émotion que celle du jeu ; il n'y a en fait aucune agressivité.

66

L'ÉDUCATION DU CHIEN   COMMENT LE CHIEN APPREND-IL À SE CONTRÔLER ?

Cette éducation se poursuit jusqu'à l'âge de 3 ou 4 mois, alors que le chiot est censé avoir acquis un bon contrôle de sa motricité.

Maman husky éduquant son chiot
au contrôle de soi.

D'autres chiens adultes peuvent remplacer la mère et se charger d'apprendre l'auto-contrôle aux chiots.

 En l'absence de la mère ou d'un autre chien éducateur, ce sont l'éleveur et l'acquéreur qui doivent prendre le relais éducatif. Les différentes étapes de cette technique éducative sont les suivantes : *forcer le chiot à s'arrêter, le saisir au niveau de la face, de la tête ou du cou, le forcer à se coucher, rester au-dessus de lui jusqu'à ce qu'il se soit calmé et qu'il ne se débatte plus, et enfin le relâcher.* Il est interdit de se mettre en colère, de crier ou de frapper.

 Un chiot qui n'a pas appris l'autocontrôle de sa mère, d'un chien adulte, de l'éleveur ou de l'acquéreur risque de devenir un chien adolescent ou adulte hyperactif, de bous-culer et faire tomber les gens, de se frapper la tête contre un obstacle, de bouger sans arrêt jusqu'à tomber de fatigue et de se relancer dans le jeu au moindre stimulus.

67

L'ÉDUCATION DU CHIEN   COMMENT LE CHIEN APPREND-IL À SE CONTRÔLER ?

Le contrôle de la morsure

Tous les chiens naissent avec une morsure d'intensité variable. Au cours des jeux de combat, le chiot inflige à ses semblables des morsures au cou, à la face et aux oreilles. Ces morsures, faites par des dents de lait pointues comme des aiguilles, sont douloureuses. Le chiot mordu crie. Ensuite, il inverse la situation à son avantage et mord à son tour. Ces morsures réciproques, accompagnées de cris de douleur, permettent à chacun des chiots de contrôler l'intensité de sa morsure et d'apprendre à inhiber celle-ci. Cette inhibition du mordant s'acquiert avant l'éruption des dents adultes et avant l'entrée dans la hiérarchie des adultes, c'est-à-dire avant l'âge de 4 mois environ. Le jeu de combat disparaît alors pour faire place au monde sérieux des conflits hiérarchiques.

Si les jeux de morsures ne se régulent pas d'eux-mêmes, la mère intervient comme dans les jeux de poursuite.

Jeux de combats et apprentissage du contrôle de la morsure.

La peau humaine est plus sensible et moins résistante que la peau du chien. Il convient donc que votre chien apprenne à contrôler encore mieux ses morsures. Comment faire ? Lorsque votre chiot vous mord, *vous devez pousser un cri et ensuite le pincer au niveau*

68

L'ÉDUCATION DU CHIEN   COMMENT LE CHIEN APPREND-IL À SE CONTRÔLER ?

de la peau du cou ou des oreilles, jusqu'à ce qu'il crie. Il est encore plus efficace de le mordre, mais la plupart des gens rechignent à le faire. Si vous ne respectez pas ces consignes, votre chien pourrait, une fois adulte, causer des blessures par morsure forte non contrôlée.

L'absence des autocontrôles

Les jeux, les courses, les bousculades, les mordillements et les morsures, les vocalises (aboiements), toutes ces activités motrices volontaires doivent être sous l'influence du centre de contrôle, de l'interrupteur cérébral. Imaginez un chien qui aboie 10 heures par jour, qui demande à jouer à 3 heures du matin, qui est distrait par un papillon au moment d'un exercice requérant sa concentration, qui élimine dès que le besoin s'en fait sentir… Vous aurez le parfait tableau d'un chien hyperactif dont les performances au travail seront médiocres et dont la présence comme chien de compagnie sera une nuisance.

Après l'âge de 4 mois, je recommande de placer ce chiot ou ce chien sous médication régulatrice. L'interrupteur cérébral étant défectueux, les techniques éducatives se révéleront souvent insuffisantes et il faudra activer l'interrupteur avec des molécules médicamenteuses. Si on s'y prend à temps, il est encore possible, entre l'âge de 4 mois et la puberté, de permettre à l'interrupteur de récupérer des éléments de structure. Après la puberté, la récupération devient problématique, sans toutefois être impossible.

Autocontrôle et absence d'apprentissage

L'autocontrôle, c'est-à-dire l'inhibition ou l'arrêt d'un comportement, est une des clés de la socialisation et de l'habituation. La capacité de s'habituer à un stimulus qui se répète est basée sur l'inhibition. Elle permet à l'individu de ne pas réagir à la moindre modification même mineure de l'environnement.

Imaginez un chien qui réagirait chaque fois qu'on ouvre une porte, sans qu'une récompense soit en jeu. Après avoir entendu la porte s'ouvrir quelques dizaines de fois, disons en une heure, un chien ne devrait plus avoir de réaction. Si le chien n'a pas appris à se

69

L'ÉDUCATION DU CHIEN   COMMENT LE CHIEN APPREND-IL À SE CONTRÔLER ?

contrôler, il est tout à fait possible qu'il réagisse encore. Cela représente pour l'organisme une perte d'énergie considérable.

Imaginez maintenant que le chien aboie lorsqu'un oiseau chante ou traverse le ciel. Après plusieurs heures, plusieurs jours de cette activité non contrôlée, quel sera l'état des humains de son environnement ?

Imaginez enfin que ce chien n'ait pas été correctement socialisé aux humains et qu'il craigne les gens. À chaque rencontre avec un inconnu, le voilà qui tente de fuir. À la moindre tentative de contact, il se défend et menace de mordre. Impossible pour lui d'apprendre, car il ne peut se contrôler.

Le chien sans autocontrôle est aussi hypersensible. Il réagit à toute information et s'habitue très mal et très lentement à son environnement. Il se calme lorsque plus rien ne bouge, lorsqu'il n'y a aucun bruit. Il se calme dans un appartement hypostimulant. Mais dès qu'il met une patte dehors, il devient agité.

Le contrôle de soi est lié à l'hérédité et à l'apprentissage. La mère apprend au chiot à contrôler son activité volontaire et ses morsures. En son absence, un autre chien adulte ou un humain doivent prendre le relais. Sans contrôle de soi, le chien devient hyperactif.

70

L'ÉDUCATION DU CHIEN   COMMENT LE CHIEN APPREND-IL À SE CONTRÔLER ?

Comment communique le chien ?

Il est impossible de ne pas communiquer. Le chien étant un être social obligatoire, il a à sa disposition tout un ensemble de moyens servant à transmettre des informations et des messages. Ces informations seront perçues par les appareils sensoriels : le toucher, le goût et l'odorat, l'audition et la vue.

Communication par contact

Le contact entre le chiot nouveau-né et sa mère est fondamental. Cependant, ce mode de communication semble devenir secondaire à l'âge adulte. Les frottements des chiens entre eux ou sur leur propriétaire peuvent être liés tant à une transmission de messages chimiques qu'à la communication d'informations tactiles. Le toucher reste cependant une caractéristique de l'attachement, le chien venant se reposer au contact d'une partie du corps de son maître.

Les caresses demandées ou appréciées par les chiens témoignent d'une communication très complexe qu'il faudra analyser en fonction des postures corporelles et des contextes sociaux. Ce n'est pas la même chose de donner la patte en inclinant la tête quand le maître mange et de poser la patte sur ses genoux après l'avoir mordu.

La morsure elle-même est une communication par contact qu'il faudra apprécier à sa juste valeur.

Le léchage fait partie d'une communication plus complexe, appelée rituel. Il y a différents léchages, parmi lesquels on trouve le léchage d'accueil, le léchage dominant après un conflit, le léchage dominé des lèvres du dominant, et le léchage pour prélever des phéromones sociales au niveau des oreilles ou des phéromones sexuelles au niveau des organes génitaux.

Communication chimique

Les messages chimiques émis à l'extérieur du corps sont appelés phéromones. Les phéromones sont émises pour la communication sexuelle et dans des contextes sociaux précis. On a abondamment parlé du marquage urinaire chez le chien. Quelle est sa valeur? Il est très probable que l'urine contienne des phéromones de statut hiérarchique qui, comme des cartes de visite, permettraient à chaque chien de situer le statut social de l'autre. Cependant, comme le marquage urinaire est aussi plutôt réalisé en présence des congénères, l'intensité du déhanchement, la posture corporelle et l'exposition des organes sexuels ont également un effet de communication. Le chien dominé a tendance à uriner plus bas, en position légèrement accroupie, alors que le dominant se déhanchera fort et prendra une position haute et raide. Mais en l'absence de congénères et de marque urinaire étrangère, le chien mâle peut très bien s'accroupir pour uriner.

Lors de la défense du territoire du groupe, en présence d'un intrus, le chien gratte le sol de ses membres postérieurs et marque cette zone à l'urine. Cela ne constitue en aucun cas une barrière, une limite du territoire, qui serait ainsi infranchissable. Au contraire, cette marque est reniflée.

D'autres phéromones sont produites chez le chien. Les phéromones sexuelles permettent l'attrait et le rapprochement des congénères pour la reproduction. Elles permettent aussi de grouper les cycles des femelles au même moment. Les phéromones des chiennes dominantes peuvent inhiber le cycle sexuel des dominées. Et les phéromones des adolescents entraînent des mouvements d'humeur et d'irritabilité chez les adultes, qui les menacent, les houspillent, les agressent et les refoulent en périphérie du territoire du groupe, facilitant ainsi le processus de détachement par rapport à la mère.

Communication auditive

Beaucoup de choses fantaisistes ont été écrites sur les vocalises du chien et surtout, sur leur interprétation. Mais on compte peu de travaux sérieux sur le sujet à ce jour. On sait toutefois qu'il existe différents types de vocalises :

- les vocalises infantiles : gémissements, miaulements ;
- les vocalises adultes : aboiements, grondements, hurlements, jappements, cris aigus ;
- les signaux non vocaux : claquements de dents, halètements.

Les aboiements sont liés à des états d'excitation positive ou négative. Certains sont inhérents à la phase de menace dans la défense territoriale. Ils s'accompagnent alors de postures caractéristiques.

Les hurlements sont associés chez le loup à l'organisation du territoire. On ne peut pas en dire autant en ce qui concerne le chien. Les hurlements semblent plus spécifiques à certaines races, notamment nordiques ou rustiques. Le hurlement a un effet «contagieux» : si un chien hurle, les autres membres du groupe l'imitent aussitôt. Des hurlements aigus sont associés à la chasse à vue et au rabattage du gibier ; ils constituent eux aussi un signe d'excitation.

Les vocalises émises à proximité soutiennent des postures corporelles et leur donnent plus de signification. Les vocalises de haute intensité émises à distance organisent la chasse ou le territoire.

Certaines races ont été sélectionnées pour une forte — ou une faible — intensité des vocalises. Ces différences innées sont modulées par l'apprentissage. L'humain étant vocal par nature, il risque de faciliter la communication vocale chez chien en la récompensant, parfois de façon involontaire. Crier contre un chien qui aboie n'est rien d'autre que lui montrer l'exemple de vocalises à forte intensité.

Communication visuelle

L'œil du chien est spécialisé pour la vision du mouvement dans la pénombre. Il voit les couleurs, mais il est peu sensible au rouge. Son champ de vision s'étend à 100 °, ce qui permet une assez bonne vision latérale. On compte quatre types de messages visuels :

- Les éléments liés à la morphologie : taches colorées, oreilles droites ou pendantes, présence ou absence de queue, importance de la pilosité faciale, etc.

  Chez le loup ou les chiens rustiques à face pointue et oreilles dressées, des taches colorées viennent souligner certaines parties du corps, comme la région anale. Ce soulignement rend certaines postures, comme le lever de la queue, plus significatives. Les races dont la morphologie a été modifiée par sélection ou par chirurgie sont ainsi amputées de certains moyens de communication. La face impassible du bull-terrier, l'abondance de poils du bobtail, l'amputation de la queue réduisent les moyens de communication de ces animaux.

  Les signaux émotionnels, involontaires, viennent confirmer ou infirmer les postures intentionnelles. Si, dans une tentative de dominance, la posture corporelle droite s'accompagne de mouvements des oreilles vers le bas, d'une queue qui hésite à se dresser complètement, de mouvements saccadés, autant de messages émotionnels d'hésitation, l'adversaire pourra saisir sa chance de dominer.

- Les signaux émotionnels involontaires sont les suivants : redressement du poil de la nuque (piloérection), dilatation ou constriction des pupilles, mouvements des oreilles et de la queue, tremblements, sursauts, phases d'immobilisation, mouvements saccadés, modification du tonus musculaire, avancée ondulante, miction (pipi) d'émotion, vidange des sacs anaux, etc.

- Les signaux volontaires intentionnels sont les postures, les mimiques et les rituels. Ces postures très nombreuses ne doivent pas être assimilées aux seules manifestations de dominance et de soumission.

- Les messages complexes sont les occupations de l'espace (lieux de couchage, par exemple), les alliances conclues avec d'autres chiens, les priorités d'accès aux objets (les ressources comme les aliments) et aux individus (les partenaires sociaux ou sexuels). On passe alors d'une communication duelle (à deux) à une communication à l'intérieur des systèmes comme la meute ou la famille. Ces messages seront étudiés lorsque j'aborderai les privilèges sociaux des dominants.

Postures et mimiques

 Pour décoder les postures, il faut analyser différents critères, notamment la hauteur et la position du corps, des oreilles et de la queue, les déplacements intentionnels du regard, de la tête et du corps. Ces postures sont solidaires des signaux émotionnels qui les confirment ou les infirment.

La posture haute, dressée, est associée à une certaine assurance de soi : redressement et raideur du devant du corps, tête haute sur un cou étiré, oreilles dressées, queue relevée et exposition anogénitale. La posture haute est incorporée aux rituels de dominance.

Akita-Inu, femelle adulte dans une posture haute, dominante.

La posture basse accompagne une perte d'assurance : accroupissement sur les quatre membres, cou fléchi, enfoncé dans les épaules, oreilles étirées sur la nuque, queue basse, voire entre les membres postérieurs. La posture basse est intégrée aux rituels de soumission.

Le regard est lui aussi signifiant. Pour que l'animal perçoive une image avec netteté, la lumière doit frapper la partie centrale de la rétine ; le regard doit donc porter sur ce qui se trouve en face, sur le stimulus. Pour qu'il perçoive un mouvement, c'est la partie périphérique de la rétine qui est plus sensible ; le regard porte alors légèrement de côté. Le regard de face est menaçant, le regard sur le dos et la croupe est dominant, le regard latéral ou détourné (les yeux mi-clos) est craintif, soumis ou apaisant.

Les mimiques sont des expressions exagérées des mouvements corporels qu'elles sont censées remplacer. Chez un chien qui s'apprête à mordre, on observe un retroussement des babines, la découverte des crocs et la rétraction du coin des lèvres. La mimique de menace de morsure implique ces mêmes actions musculaires. Au contraire, l'absence de morsure se traduit par une face lisse, sans contraction musculaire, avec recouvrement des dents. La mimique d'apaisement et de soumission propose justement cette face lisse, avec des yeux mi-clos.

Approche et début de conflit entre un caniche et un Jack Russell terrier,
tous deux en posture haute.

Les mouvements intentionnels sont des mouvements corporels qui ne vont pas jusqu'au bout de leur fonction. Pour mordre, la gueule est projetée en avant afin de saisir et de serrer les mâchoires sur la peau de l'adversaire ; dans le mouvement intentionnel, le chien se limite à projeter la tête en avant et, éventuellement, à claquer des dents dans le vide. Pour chevaucher, le corps est élevé et les pattes avant sont posées sur le vis-à-vis ; le mouvement intentionnel consiste simplement à poser une patte sur le dos ou l'encolure de l'autre chien.

Des mouvements réels viennent compléter ces figures : reniflement de l'arrière-train, reniflement des phéromones sociales sécrétées au niveau des oreilles (apaisement), prise en gueule de la face avec une morsure totalement contrôlée (dominance), léchage ou mordillement des babines (accueil ou apaisement).

Chaque posture présente en réalité une composition à partir de ces différents éléments : hauteur, regard, mimiques, mouvements intentionnels et mouvements réels. Par exemple, un mouvement lent, face tendue vers l'oreille, posture basse, oreilles couchées, face lisse et yeux mi-clos, compose une posture d'apaisement.

Les rituels

Les rituels sont des séquences comportementales qui ont été détournées de leur signification d'origine et sont « théâtralisées » afin de devenir des messages. Ce sont des séquences comportementales complètes et non plus seulement des postures. Elles sont jouées avec une exagération caricaturale afin de faire mieux passer le message. En voici quelques exemples :

- Le mordillement des babines est une demande de régurgitation par le chiot à sa mère. Il devient un rituel d'apaisement.
- Le léchage du périnée des chiots de moins de 3 semaines permet l'élimination des excréments qui sont ingérés par la mère. La position évolue au cours du développement, surtout lorsque la mère éduque ses chiots à l'autocontrôle. Le chiot se retourne sur le dos et émet quelques gouttes d'urine, ce qui incite la mère à lécher le ventre du chiot. Cette technique d'apaisement, qui est reproduite avec d'autres chiens adultes, devient finalement une posture de soumission. Cependant, si la posture adoptée par le chiot pour le léchage du périnée par la mère est un coucher sur le ventre, c'est cette posture qui deviendra la position de soumission.

Acquisition de la position de soumission
en présence des adultes

La position de soumission devant la mère, apprise lors du sevrage, est adoptée avec d'autres chiens adultes. La présence de la mère avec ses chiots au-delà de la cinquième semaine entraîne une soumission spontanée des chiots aux adultes du groupe. L'absence — le retrait — de la mère de la portée, alors que ses chiots ne sont encore âgés que de 5 semaines, entraîne une absence de l'utilisation de la posture de soumission face aux adultes lorsque le chiot les rencontre la première fois, généralement entre 12 et 16 semaines. Le chiot n'apprend pas la position type de soumission (couché sur le dos) et le rituel n'est pas acquis. La présence de la mère est donc favorable, voire nécessaire, au développement des rituels d'apaisement et de soumission, et à la hiérarchisation du chiot dans la meute des adultes.

L'acte sexuel nécessite un chevauchement. En l'absence d'érection, ce dernier devient une posture rituelle de dominance. Un fragment de cette posture, par exemple mettre la patte sur l'épaule, devient lui-même un rituel de dominance.

Les rituels sont appris au cours du développement. Ces rituels semblent être communs à l'ensemble de l'espèce canine, mais ils varient dans leurs détails d'une meute à l'autre. Comme l'écrit Patrick Pageat : « La langue canine est déclinée en une infinité de dialectes distincts dont chacun est propre à une meute. »

Les rituels constituent des éléments de stabilité dans un groupe. Sans rituels, l'entente est compromise, l'irritabilité et la peur montent, le groupe se disloque.

Comment communiquent chiens et humains ?

Le chien « parle chien ». L'humain « parle humain », c'est-à-dire qu'il utilise un mélange complexe de sons codés et de langage corporel. Le chien ne parlera jamais « humain ». L'humain est donc obligé de « parler chien » ou, à tout le moins, de comprendre le langage du chien et de se faire comprendre de lui. L'éducation du chien nécessite que l'humain parle au chien dans son langage. C'est possible. La vie en commun avec le chien depuis 15 000 ans prouve que c'est possible.

Je vous propose de reprendre les différents modes de communication et d'analyser les messages que l'humain et le chien comprennent également.

Communication par contact

Chez les primates et l'humain, l'*enlacement* et l'*embrassade* exercent une fonction d'apaisement et de salutation. En cas de frayeur, même les grands chimpanzés mâles enlacent les jeunes, ce qui a pour effet de leur permettre de retrouver leur calme ; il n'est donc pas étonnant que ce comportement soit repris par les humains, qui enlacent et embrassent leurs animaux pour s'apaiser personnellement.

Le contact peut avoir le même effet chez le chien qui a appris à l'aimer. Toucher, caresser, dormir en compagnie d'un être d'attachement est apaisant. Chez l'humain, on observe de grandes différences d'une culture à l'autre. Certains se touchent beaucoup, d'autres peu.

Mais tous les humains touchent les animaux. Indépendamment de ces considérations, il me faut revenir sur certaines situations.

- La demande de caresse d'un chien en position haute et rigide a une valeur de dominance. En position haute, la queue agitée, ce peut être un accueil.
- La demande de caresse d'un chien en position couchée sur le dos peut présenter une valeur de dominance : le demandeur est dominant et celui qui obéit se soumet. Il est possible que le chien ait les oreilles dressées, le corps tonique, et qu'il soutienne le contact oculaire. S'il se raidit, même s'il ne grogne pas, il exprime une demande d'arrêt de contact, et si on continue à le caresser, on est menacé d'une morsure. Cette posture peut devenir un rituel spécifique entre le propriétaire et le chien.
- La pose d'une patte sur un genou avec une posture haute et rigide est une marque de dominance.
- La pose d'une patte sur un genou avec la queue agitée latéralement et le corps frétillant est une demande d'attention ou d'activité qui n'est ni dominante ni dominée.
- La signification du léchage de la main dépend de l'ensemble des postures qui l'accompagne : dominance, apaisement et soumission, accueil, etc.
- Se dresser contre son maître à son arrivée peut constituer un signe d'accueil, que le chien préfère émettre face à face.
- Se dresser contre son maître pour le séparer de son conjoint est un signe de menace et de dominance.

Ainsi, il apparaît essentiel d'analyser l'ensemble des données d'une situation avant d'en tirer une conclusion quant au message transmis. Le chien vous offre un tableau ; à vous de le décrypter en observant hauteur de la posture, regard, mimiques, mouvements intentionnels et mouvements réels.

Communication chimique

Le chien distingue l'homme de la femme (indépendamment de l'habillement) et l'enfant impubère de l'adolescent. Il semble deviner avant les parents que leur fille aura ses premières règles et perçoit le moment du cycle de la femme. L'être humain produit lui aussi des messages chimiques, comme le chien, il libère des phéromones et dans bien des cas, le chien perçoit et comprend ces messages. L'être humain a peu cette compétence. Il présente un handicap olfactif par rapport au chien.

Nous sommes incapables, à ce jour, de décoder ce que le chien perçoit ou ne perçoit pas, mais il est possible que l'avenir nous donne certaines réponses. Le chien dominant se couche-t-il dans le fauteuil de son maître ou à sa place dans le lit, urine-t-il sur ses chaussettes et ses sous-vêtements parce qu'il perçoit des phéromones masculines ou pour une autre raison ? Le chien mâle vole-t-il les sous-vêtements féminins parce qu'il perçoit des phéromones féminines ou pour une autre raison ? Le chien répond-il généralement mieux aux ordres des hommes qu'à ceux des femmes parce qu'il perçoit leurs phéromones masculines ou pour une raison différente ? Cela fait beaucoup de questions. Les réponses viendront peut-être.

À ce jour, mon hypothèse est la suivante : le chien et l'humain percevraient inconsciemment tous deux les phéromones humaines qui joueraient à leur insu sur leurs humeurs et leurs désirs. De plus, le chien percevrait consciemment certaines phéromones humaines, ce qui lui permettrait d'agir et de proposer des relations sociales et sexuelles dont les humains sont peu conscients.

Communication auditive

La richesse des langues humaines dépasse très largement ce que le chien peut comprendre. Seul l'être humain est muni des aires cérébrales nécessaires pour parler et comprendre les langages qu'il a inventés.

Le langage est divisé en sons appelés phonèmes. Ces sons forment des mots qui sont combinés pour faire des phrases. C'est le langage verbal.

Le chien est capable d'associer des mots (phonèmes) à des situations ou, après apprentissage, à des ordres. Mais, avant l'apprentissage, ces mots n'ont bien entendu aucun sens pour lui. Il peut extraire de ce qu'il entend des phonèmes et comprendre leur signification symbolique, mais il est incapable de reproduire ces phonèmes, c'est-à-dire qu'il ne parlera jamais une langue humaine.

Le chien comprend entre 20 et plus de 100 mots. Il différencie des phonèmes semblables comme «ici» et «assis». Il extrait les sons connus de l'ensemble d'une phrase et y réagit comme s'il s'agissait d'un symbole isolé. Mais le chien perçoit-il la signification du symbole qui se cache derrière le mot?

Si on demande à certains chiens d'aller chercher une balle de tennis ou une laisse, ils ne se trompent pas. L'association entre le mot symbole et l'objet entraîne une représentation mentale de cet objet. Il en est de même pour des postures corporelles ou des séquences de mouvements comme «ici» et «assis».

Dans un ordre de rappel, si vous dites alternativement: «ici», «viens», «veux-tu venir chez moi», «au pied», «reviens», que peut comprendre le chien? L'utilisation de mots différents n'a aucun sens, sauf pour les chiens qui ont appris tous ces mots, qui correspondent au même ordre. Il est plus simple de toujours s'en tenir au même mot qui, dans le contexte du rappel, devra porter loin; dès lors, des sonorités aiguës porteront plus loin que des sonorités graves; par exemple, le mot «ici» portera plus loin que «viens». Mais à vous de choisir le mot avec lequel vous vous sentirez le plus à l'aise.

Les phrases sont exprimées avec des intonations différentes, des modulations variées qui confirment leur sens: affirmation, question, etc. C'est le langage paraverbal.

Le langage que l'homme utilise avec les chiens est comparable au baragouinage qu'il utilise avec les enfants: expressions courtes, impératives et interrogatives (plutôt que déclaratives), répétitives (répétitions partielles ou exactes), avec emploi de diminutifs, de déformations des sons et d'une voix aiguë. Ce langage riche en paraverbal et pauvre en verbal active la réponse sociale de l'enfant ou de l'animal.

Enfin, il faut souligner que pour le chien, la communication visuelle et posturale est prioritaire en cas de discordance avec le mot ou la voix. Un rappel, avec l'ordre «viens» ou «ici», émis avec impatience ou colère entraînera un refus d'obéissance.

Communication visuelle

La communication entre chiens et humains relève des quatre types de messages visuels dont j'ai parlé précédemment.

- Les éléments liés à la morphologie.

  L'habillement cache ou souligne une partie de la morphologie et retient, voire concentre, les phéromones. Impossible cependant de cacher totalement la couleur de la peau. Est-ce significatif? Pour certains chiens, cela peut le devenir.

  En revanche, l'habillement révèle des contextes spécifiques. Si vous allez travailler ou si vous allez faire du sport, le chien l'a détecté à votre aspect extérieur, à la morphologie de votre tenue. Il peut donc anticiper des périodes de plaisir, d'isolement ou de frustration.

- Les signaux émotionnels involontaires.

  Ces signaux sont semblables chez l'humain à ceux que l'on rencontre chez le chien. Par exemple, le poil se hérisse sur les bras — c'est ce qu'on appelle la « chair de poule » —, mais le chien perçoit-il ce phénomène ? Les pupilles se contractent et se dilatent, les yeux se ferment ou s'ouvrent tout grands, les sourcils soulignent les expressions d'étonnement, de crainte, de colère ou de joie. Le visage rougit. Le corps sursaute, se raidit, se détend, transpire. Le torse se penche en avant chez l'humain dominant et en arrière chez le craintif ou le dominé. Que décode le chien ?

- Les signaux intentionnels, les postures et les mimiques.

  Chez l'humain, les postures — haute et basse — recèlent les mêmes valeurs que chez le chien. Le regard, en revanche, peut prendre d'autres significations. Pour s'affirmer entre humains, il faut regarder son vis-à-vis dans les yeux, du moins au moment où l'on veut insister sur un point précis. Fixer du regard et soutenir le regard est aussi considéré comme menaçant chez l'humain. Regarder la croupe du chien et maintenir ce regard apparaît comme un geste dominant. Mais en cas de peur, le regard humain a tendance à se fixer sur l'objet de la peur. Et craindre un chien en le fixant des yeux, c'est le menacer tout en lui envoyant des messages de peur ; le chien perçoit cette ambivalence et peut attaquer. Il vaut mieux alors interrompre le contact oculaire et détourner le regard pour apaiser l'animal. Le regard détourné est associé à la timidité ou à la crainte. Il convient donc d'analyser la direction et la persistance du regard.

	Persistance	
Direction	Soutenue	Interrompue
Dans les yeux	Dominant/ Provocation au combat	Menaçant puis apaisant
Sur la croupe De côté	Dominant Neutre — Dominé	Dominant puis apaisant Dominé — Craintif

Les mimiques du visage humain sont très expressives. On y reconnaît, et le chien aussi, l'étonnement, la crainte, la colère ou la joie, et d'autres émotions de base.

Les mouvements intentionnels sont tout aussi compréhensibles, progressivement, par apprentissage. Lever le bras pour donner une claque, même sans intention d'aller jusqu'au bout du geste, est très vite perçu comme une menace. Le chien y répondra avec à-propos par la fuite, la soumission ou l'agression.

Les mouvements réels sont de deux types. Les premiers sont liés à l'émotion. Comme l'a démontré Patrick Pageat, se déplacer vers un chien à une vitesse rapide peut être signe d'agression, alors qu'une vitesse modérée et constante est neutre ou dominante ; un déplacement entrecoupé de ralentissements signale la crainte ou la soumission. De même, une trajectoire directe vers la tête ou le flanc du chien témoigne de votre assurance (dominance). La trajectoire contournante pour aborder l'animal par-derrière révèle votre inquiétude ou votre soumission. Les autres types de mouvements réels sont liés à des rituels propres à chaque culture humaine.

- Les messages complexes.

L'humain est le champion des messages complexes, au point de pouvoir les manipuler dans la transmission ou la falsification de l'information. Mais s'il comprend mal les messages du chien, il risque de perdre gros dans les jeux sociaux et hiérarchiques.

Les rituels

Parmi les rituels humains, certains sont destinés aux humains et d'autres aux chiens. Les premiers sont peu compréhensibles pour les chiens. Enlacer et embrasser un familier ne se fait pas chez le chien. En revanche, donner la patte est un rituel qui s'apprend. Pointer un objet du doigt est sans signification pour le chien : celui-ci fixera l'extrémité de votre doigt sans regarder dans la direction que vous lui indiquez.

Les rituels humains destinés aux chiens font quant à eux partie des particularités des langages et des dialectes de chaque famille. Ces rituels sont apaisants. C'est pourquoi il fait bon vivre dans sa famille et que vivre dans un autre groupe social est angoissant : ces gens-là, ces chiens-là n'ont pas les mêmes rituels que nous ; leur « parler » est étrange ; ils ne répondent pas de la façon attendue aux messages que nous envoyons ; ils sont imprévisibles. Si, dans une famille, donner la patte droite (on dit parfois la « bonne patte ») permet de recevoir un biscuit, dans une autre, elle n'engendre aucune récompense, si ce n'est un « Bon chien ! » et une tape sur la tête. Si, dans une famille, hululer suscite le rire, dans une autre, ce type de vocalise peut entraîner des grognements vocaux — des punitions vocales — de la part des maîtres.

Pourquoi la hiérarchie ?

Il est impossible pour un chien de ne pas être hiérarchisé. Il subsiste une énorme confusion sur ce sujet. On confond dominance et désobéissance, dominance et agression, peur et soumission. Ce chapitre vous aidera à y voir plus clair.

Le chien est un mammifère social. Il organise la vie de son groupe avec des règles. Ces règles définissent la place et les privilèges de chacun. Une fois chacun à sa place, les disputes sont réduites et la collaboration devient possible. L'ancêtre du chien chassait en groupe organisé des proies de grande taille ou, isolé, des proies de petite taille. La coopération exige une bonne entente ainsi que l'émission et la réception de messages compréhensibles. Elle requiert donc un haut niveau d'attachement au groupe et à (presque) chaque membre du groupe.

Quand chacun connaît ses limites et que le cadre est sans équivoque, la vie est plus facile. La hiérarchie permet de préciser les limites et d'apaiser les membres du groupe.

La hiérarchie assigne à chacun des droits et des devoirs

N'oublions pas que, normalement, les meutes de chiens sont constituées d'individus ayant une certaine parenté. Un modèle sociobiologique soutiendrait qu'ils ont une partie de leur génétique en commun. Si le dominant a le droit de manger en premier et de se reproduire, le dominé devra tout de même manger à sa faim. En cas de disette, le dominant sera privilégié et le dominé pourrait être sacrifié ; cependant, la meute survivra et, avec ses membres les plus efficaces, son pool génétique survivra.

La hiérarchie semble injuste puisqu'elle donne aux dominants l'accès prioritaire aux ressources. Le dominé ressemble à un parent pauvre dont les besoins vitaux sont cependant satisfaits. Mais les choses sont beaucoup plus complexes. En effet, il ne s'agit pas simplement d'un jeu entre dominants et dominés ; il y a aussi des places intermédiaires, et il y a le respect des jeunes et des femelles. Un dominé diplomate pourra user de séduction et obtenir l'accès à certains privilèges, par exemple une meilleure nourriture, pour autant qu'il emploie tous les rituels d'apaisement. Il s'opère dès lors un partage des ressources vitales, des soins et des attentions, mais à la condition que chacun utilise les messages correspondant à son statut. Un chien dominé qui tenterait de s'approprier un morceau de viande du dominant n'y parviendrait qu'en adoptant les postures basses, la face lisse, les oreilles couchées, les yeux mi-clos. S'il tentait d'obtenir le même morceau de viande en roulant les épaules, il serait impitoyablement châtié. Il faut donc y mettre les formes. C'est pourquoi les moyens de communication s'avèrent fondamentaux.

 Pour vivre en hiérarchie, il faut communiquer sans équivoque et sans erreur.

Les conditions préalables à la vie en hiérarchie

Pour vivre au sein d'une hiérarchie complexe comme l'est une meute ou une famille-meute — comme j'aime à appeler ces systèmes recomposés constitués d'humain(s) et de chien(s) —, le chien doit être doté d'une grande intelligence.

Encore tout récemment, on pensait que la hiérarchie résultait du combat de chaque membre du groupe contre chacun de ses congénères. Dans un groupe de cinq chiens, cela représenterait au moins 10 combats. (Pour les chiens A B C D E, on a les combats AB AC AD AE BC BD BE CD CE DE.) Comme la force et l'humeur changent d'un jour à l'autre, ces duels devraient être répétés. En fin de compte, les chiens se battraient constamment. Or, dans une hiérarchie, les choses se passent différemment ; les combats sont rares.

En fait, le chien apprend son statut social en regardant les conflits des autres et les privilèges des autres. Cela fait partie des messages complexes que j'ai mentionnés dans le chapitre portant sur la communication. Ces messages complexes seront analysés dans le chapitre suivant. Les conditions préalables d'intelligence sont :

- Le raisonnement transitif.

  Par exemple, si je suis le chien A, que je domine B et que B domine C, alors je devrais pouvoir dominer C. C'est la relation mathématique A > B > C.

- Le raisonnement disjonctif.

  Exemple 1 : si moi, chien C, je ne mange ni avant A ni avant B, alors je suis peut-être dominé.

  Exemple 2 : si on ne me donne pas le privilège de recevoir des caresses quand je les demande, alors c'est que je suis dominé.

- Une représentation sociale de soi dans la hiérarchie.

  « Je suis dominant », ou « je suis dominé », ou « je me situe entre A et C ».

D'autres conditions sont toutefois requises. On a déjà vu que le chien doit pouvoir envoyer des messages clairs et précis. En cas de conflit, la vie du congénère ne doit pas être mise en danger ; dès lors, les combats sont ritualisés, n'entraînant des blessures qu'en cas de manquement grave aux règles. Cela nécessite un contrôle de soi total et un apprentissage des rituels de combat.

En dehors des conflits, la vie doit être paisible. Chaque membre de la meute doit connaître les rituels du groupe, en particulier les rituels de dominance, d'apaisement et de soumission.

Mais tout cela serait futile s'il n'y avait pas à la base une bonne ambiance, c'est-à-dire un attachement réciproque entre les membres du groupe. Cet attachement dépend d'une socialisation correcte et d'une forte sociabilité qui pousse les membres de la meute à se rechercher et à se toucher.

Une génétique de la dominance ?

C'est une autre question qui a fait couler beaucoup d'encre. S'il y avait une génétique de la dominance, il y aurait une génétique de la soumission, une génétique de la hiérarchie. C'est impossible. Si un A domine un B dans un groupe, il peut être dominé par un C dans un autre groupe. Il est impossible d'être dominant tout seul. On ne peut être dominant ou dominé qu'en relation avec un autre. Il n'y a pas de génétique de la relation.

Il existe peut-être une génétique de l'impulsivité, et encore, nous avons vu que l'impulsivité est sous l'influence de l'éducation au contrôle de soi.

En revanche, dans une meute familiale, il pourrait y avoir un héritage du statut social. La fille d'une femelle dominante est parfois plus dominante que la fille d'une femelle dominée. Mais cela ne dépend-il pas aussi des priorités de l'accès aux ressources, aux aliments, aux bonnes places de repos ?

Hiérarchie et apprentissage

Il est plus aisé d'avoir de l'autorité sur un chien lorsqu'il vous reconnaît un statut dominant. Le chien dominé obéira parce que c'est une obligation hiérarchique. Pour cela, il faut vivre en hiérarchie avec lui. Cette capacité de se faire obéir d'un chien en raison de son statut ne vaut que pour les familiers dominant le chien, et plus particulièrement les hommes. Cela ne tient pas dans le cas d'un éducateur externe peu connu. Ce dernier pourra se faire obéir par la force (peur de réprimandes) ou par des récompenses. Un éducateur externe à la famille peut obtenir un statut dominant de différentes manières :

- par un travail répété avec le chien ; il devient alors familier,
- par un conflit (musclé) duquel il sort gagnant,
- par une posture dominante et une certitude mentale de pouvoir dominer le chien en cas de conflit ; les messages volontaires et involontaires envoyés par l'éducateur sont alors dominants,
- parce qu'il rappelle au chien des figures dominantes connues et parce qu'il a une posture dominante.

Ce statut dominant ne tiendra généralement que dans le contexte du travail éducatif, c'est-à-dire le terrain d'éducation et les périodes consacrées à ce travail.

Si l'on revient à la question de la relation entre désobéissance et dominance, on comprend maintenant mieux la confusion qui entoure toujours cette question. Si les deux ne sont pas synonymes, il peut néanmoins y avoir une corrélation. On ne peut cependant prendre un mot pour l'autre. Un chien peut désobéir parce qu'il a peur, parce qu'il est distrait, parce que l'éducateur est incompétent, parce que la technique est inadaptée, ou pour d'autres raisons.

L'âge de la hiérarchisation

Une autre erreur fréquente est de prétendre qu'un chiot de 3 ou 4 mois est dominant. Un chiot de cet âge peut avoir vécu des conflits avec ses frères et sœurs pour un os et avoir gagné cet os à chaque conflit. Désormais, lors de la distribution des os, il peut se les approprier sans être importuné. Il a donc acquis un privilège qui le rend dominant sur ses frères et sœurs dans ce contexte précis. La *stabilité de la hiérarchisation* entre chiots varie avec l'âge et la race.

Cette hiérarchisation est de :
- 25 % à l'âge de 5 semaines ;
- 50 % à l'âge de 11 semaines.

Mais le fait d'être hiérarchisé pour l'obtention d'un os ne transforme pas un chiot en individu dominant — sur vous — pas plus que cela n'annonce un chien dominant à l'âge adulte.

C'est vers l'âge de 3 ou 4 mois que les chiots, qui avaient jusque-là accès au repas de leur mère, apprennent qu'il y a une file d'attente pour le libre-service de la cantine. Et ils sont obligés de se tenir à la fin de la file et d'attendre leur tour. Ils n'en ont pas envie et désirent prendre des aliments plus rapidement. Les adultes leur envoient des messages très clairs au moyen de postures hautes, de grognements, de claquements des dents, et les chiots apaisent les adultes avec des postures de soumission. Plusieurs chiens apprennent ainsi à manipuler les postures pour s'approcher de l'aliment convoité ; les adultes respectent ce jeu en laissant croire aux chiots qu'ils se sont fait avoir.

La hiérarchisation alimentaire commence après le sevrage et se termine vers l'âge de 5 mois. Ensuite, il faudra attendre la puberté pour voir apparaître la hiérarchisation complète faisant appel à un ensemble des messages complexes.

La hiérarchisation comporte donc deux phases : la hiérarchisation alimentaire, qui intervient entre le sevrage et la période prépubertaire, et la hiérarchisation complète, qui s'installe à partir de la puberté.

La minihiérarchie des chiots

Une fois précisée l'importance relative de la hiérarchisation des chiots dans la compétition, on peut aller plus loin et se demander si le privilège obtenu dans la compétition pour un os s'étend à d'autres secteurs d'activités.

L'observation montre que plus la portée (lignée, race) est « agressive », plus la hiérarchisation est linéaire.

Tous les chiots correctement socialisés à l'homme accourent vers une personne qui entre dans leur aire (box, cage, etc.). Les chiots les plus intrépides sont généralement les plus prédominants. Ils refoulent les plus soumis et les empêchent d'accéder aux personnes.

Dès lors, choisir un chiot intrépide au détriment d'un chiot dont on pense qu'il n'est pas socialisé aux gens parce qu'il reste au fond de la cage risque de favoriser la sélection d'un chiot plus agressif envers ses congénères.

Comprendre la hiérarchie

Tout comportement social est un message complexe

 Il est impossible pour un chien de ne pas envoyer de messages complexes. Et tout comportement du chien, qui est un animal social, peut avoir des impacts sociaux sur l'organisation de la hiérarchie. Il existe toutefois une règle générale selon laquelle le dominant est visible, voire exhibitionniste, alors que le dominé est peu visible. Je vais détailler ici ces messages complexes et les organiser en fonction de certains critères.

Les messages complexes émis par les chiens n'ont pas tous la même valeur. En fait la valeur d'un message change avec chaque chien, avec chaque groupe, avec l'humeur, le contexte ou l'âge. Par exemple, un chien mâle en excitation sexuelle peut avoir moins d'appétit et laisser à d'autres le privilège de manger avant lui. Quelques jours plus tard, il reprendra ce privilège et agressera le chien qui tentera de le lui usurper.

Voyons quels sont les privilèges, analysés par secteurs sociaux, accordés aux dominants. Nous pourrons ensuite résumer, à l'aide d'un tableau récapitulatif, les messages complexes des dominants et des dominés.

L'accès à l'alimentation, le repas

L'accès à l'aliment est organisé tant dans une meute de chiens que dans une famille-meute. Le chien ne mange pas que pour se nourrir, mais aussi pour montrer son rang hiérarchique.

Le chien dominant mange de façon visible, le premier, lentement afin qu'on le regarde. Il choisit les meilleurs morceaux et obtient de la nourriture sur simple demande. Il mange mieux quand on le regarde, quand on l'encourage. Il demande parfois qu'on lui donne l'aliment à la main. Le chien dominant savoure son repas.

Le dominé accède aux aliments après le dominant. Il ingère vite sa ration calorique, et manger seul ne l'incommode nullement. Le chien dominé avale sans mâcher ce qui se trouve à sa disposition, quand la nourriture est disponible. Il ne reçoit de la part du dominant qu'après une longue demande accompagnée des postures d'apaisement requises.

Ordre d'accès au repas

Dominant	Le chien mange le premier, directement avant les autres, dans les mêmes lieux.
Dominé	Le chien mange le dernier, après les autres, dans les mêmes lieux ou ailleurs.

Obtention à la demande

Dominant	Le chien obtient sa nourriture après une simple demande et agresse en cas de réception tardive.
Dominé	Le chien obtient (parfois) sa nourriture après de longues demandes accompagnées de postures d'apaisement, et ne reçoit que lorsque le maître l'a décidé.

Présence du groupe et vitesse d'ingestion

Dominant	Le chien mange lentement, vérifie si on le regarde manger et s'arrête quand il n'y a personne autour de lui.
Dominé	Le chien mange rapidement, que ses propriétaires soient présents ou non dans la pièce.

Le dominé, tout comme le dominant, peut défendre son repas par des grognements ou des morsures. C'est la posture qui fait la différence : le dominant est droit sur ses membres, tandis que le dominé est en partie accroupi. Le dominant comme le dominé acceptent que le propriétaire vienne toucher à leur gamelle pendant qu'ils mangent ; mais le dominant attend de son propriétaire des attitudes basses et une approche lente, tandis que le dominé accepte une approche directe et rapide.

Contact du propriétaire avec le chien et agressivité

Dominant	Le chien peut défendre son repas en prenant une attitude dressée. Il tolère l'accès du propriétaire, soit lorsque celui-ci émet tous les signes de soumission (approche lente, regard détourné), soit en fin de repas.
Dominé	Le chien peut grogner lorsque son propriétaire entre dans la pièce, s'arrête de manger, s'arc-bouter au-dessus de son repas ou se retirer à côté de la gamelle.

L'accès à la sexualité

Dans un petit groupe, seul le couple dominant a le droit d'avoir des relations sexuelles, de se reproduire, d'avoir des petits. Dans les grands groupes, plusieurs couples se forment, et parfois, le mâle dominant saillit toutes les femelles en chaleur. Il en fait parfois tant, qu'il ne s'agit alors que d'un simulacre de saillie, non efficace et non fécondant. Un mâle occupant le deuxième ou le troisième rang dans la hiérarchie réalise alors une saillie fécondante en cachette du dominant.

La sexualité du chien dominant est exhibitionniste. Elle se manifeste par des chevauchements, l'exploration de l'entrejambe des autres sujets et le léchage de son propre sexe (ainsi que la masturbation), qui sont exacerbés en présence de spectateurs, surtout le maître de même sexe : le mâle en présence de monsieur et la femelle en présence de madame.

La sexualité du chien dominé est discrète et inhibée en présence du chien dominant ou du propriétaire de même sexe (s'il est considéré comme dominant).

Le chevauchement (dominant) et l'acceptation du chevauchement (dominé, rituel d'apaisement) sont deux postures sociales complémentaires, normales chez les chiens des deux sexes. Il ne s'agit pas d'une manifestation d'homosexualité. Il faut en effet différencier ce chevauchement hiérarchique du chevauchement sexuel, qui ne se pratique qu'avec un partenaire de sexe opposé, après une période de cour (flirt), et qui se double d'une tentative de pénétration (érection). La distinction n'est pas toujours facile à faire, le chevauchement hiérarchique s'accompagnant fréquemment d'une érection partielle. Par ailleurs, les médications qui s'opposent aux hormones sexuelles (testostérone, œstrogènes) réduisent ces chevauchements.

Enfin, notons que le chien dominant trouve intolérables les manifestations sexuelles des autres membres de son groupe, chiens ou humains. Il s'y oppose, en attaquant si nécessaire.

Le contrôle de la distance sociale

Le chien dominant tente de faire alliance (couple) avec un partenaire de sexe opposé. Il a tendance à rester à faible distance de ce partenaire et à en défendre l'accès aux autres sujets du même sexe que lui-même.

Ce que l'on appelle communément la « jalousie » est justement cette manifestation agressive d'interdiction de contact avec la personne défendue. Quand les propriétaires se câlinent ou s'embrassent, le chien mâle interdira de s'approcher de madame, la chienne interdira de s'approcher de monsieur. Il faut faire la différence entre ce contrôle agressif du contact social et le désir du chien de participer aux ébats joyeux et plaisants des personnes ; à ce moment-là, l'attitude du chien est très différente puisqu'il est en présence de manifestations de joie et d'appels au jeu.

L'accès social peut être contrôlé par un chien en promenade qui interdira à un étranger de s'approcher de son propriétaire ou de lui parler, ou interviendra lorsque la conversation durera plus longtemps qu'il ne l'a désiré.

Le chien dominant contrôle les déplacements des membres du groupe, leurs entrées et leurs sorties. S'il ne peut attaquer l'individu, humain ou chien, qui s'en va sans son accord — c'est-à-dire sans un rituel particulier, propre au groupe, par lequel un dominé peut prendre congé du dominant —, il redirigera son agressivité vers les objets situés à proximité des portes ou des fenêtres d'où il peut regarder le dominé s'éloigner.

L'accès aux ressources sociales

Le chien dominant se fait remarquer lorsqu'il a le désir d'un contact, de jeux, de sortir, de rentrer, de manger. C'est le dominant qui prend les initiatives, alors que le dominé suit et répond aux initiatives du dominant.

À cet égard, les caresses sont assez caractéristiques. Le chien dominant demande la caresse. Si le propriétaire répond, il obéit au chien et se soumet. Le dominant demande ensuite — en raidissant le corps ou en grognant si nécessaire — que la caresse s'arrête. Si le propriétaire ne comprend pas cette demande et continue de caresser le chien, il risque de se faire remettre à l'ordre, c'est-à-dire de se faire mordre.

La gestion des relations sociales

Le chien dominant est un patriarche. Il règne sur un groupe et désire la paix au sein de ce groupe. Il se donne le droit d'intervenir dans des conflits qui, *a priori*, ne le concernent pas. Mais ce n'est pas une préoccupation constante.

L'accès à – et le contrôle de – l'espace

Le chien dominant préfère se tenir aux endroits qui lui permettent de surveiller l'ensemble des passages — lieu de contrôle de passage — ainsi que dans les lieux élevés et les places choisies par les autres dominants (chiens ou humains). Toute tentative de limiter soit l'accès à ces lieux de prédilection, soit la maîtrise que le chien dominant exerce sur l'espace, entraîne une remise à l'ordre par de l'agression compétitive.

Une étude réalisée par Patrick Pageat sur 65 chiens montre que le chien dominant se couche à l'endroit privilégié suivant:

Palier	35%
Entrée	27%
Couloir desservant les chambres	25%
Chambres à coucher	14%
Salon	12%
Couloir desservant l'ensemble des pièces	9%
Recoin sous l'escalier	5%

On peut constater que dormir dans la chambre n'est pas un comportement spécialement dominant. Mais dormir sur le lit, lorsqu'il s'agit d'obtenir l'accès au lit et à la personne de l'autre sexe qui y est couchée, est assurément un privilège royal.

Il est très fréquent d'observer chez les chiens, même dominés, une défense du lieu de couchage. Il ne faut pas confondre la défense d'un lieu dominant au moyen d'une agression compétitive et la défense d'un lieu de couchage au moyen d'une agression par irritation.

Le chien dominant est toujours *visible*. Encore faut-il qu'il présente les postures de dominance, parce qu'un chien dominé, infantile, hyperattaché à son maître sera également toujours visible ; il sera lui aussi en contact physique avec le maître et se montrera incapable de rester à distance ou de rester seul. Le dominant n'éprouve pas ce genre de problème.

L'accès à la paternité et à la maternité

Seules les dominantes ont le droit d'avoir des petits. Les femelles dominées ont leur cycle (chaleurs) en même temps que les dominantes et elles ont une montée de lait au moment de la mise bas de ces dernières. C'est la fameuse «grossesse nerveuse» — dont le nom scientifique est pseudocyèse — qui n'a en fait rien de nerveux; phénomène hormonal tout à fait normal, cette montée de lait permet de suppléer, au besoin, un défaut d'allaitement de la dominante.

La chienne dominante peut se montrer très intolérante envers la portée d'une dominée. Elle peut attaquer les chiots, les tuer ou encore les voler à son profit. Ayant elle-même en général peu de lait et n'ayant pu édifier de liens d'attachement avec ces nouveau-nés, les chiots seront mal nourris et risquent de mourir.

Les choses peuvent se passer de la même façon entre la chienne dominante et sa propriétaire enceinte. Il convient dans ce cas de redoubler de prudence et d'entourer le nouveau-né de précautions : la chienne pourrait se mettre devant le berceau et empêcher la mère d'approcher son enfant ; celui-ci risque, tout comme un chiot, d'être attaqué ou kidnappé.

Le dépôt des déjections sociales

On entend par là des dépôts d'urine, en hauteur, sur un objet voyant, souvent en saillie. Le comportement de marquage urinaire est souvent émis en présence d'individus que le chien provoque et qu'il met au défi, afin qu'ils répondent par un conflit — que le chien peut gagner — ou par des manifestations de soumission. Le marquage est donc parfois effectué en présence des propriétaires.

Le chien mâle procède au marquage urinaire après avoir reniflé des odeurs d'urine ou des griffures d'autres mâles, mais aussi à proximité des lieux ou sur les lieux où le propriétaire, jugé insuffisamment dominant, a déposé des phéromones : son coussin, sa place dans le lit, son fauteuil, ses chaussettes, ses sous-vêtements, son sac de travail. Ce petit jeu social n'est pas l'apanage des mâles puisque les femelles agissent de la même façon envers leur maîtresse.

La communication sociale consiste aussi — mais plus rarement — en un dépôt de selles bien moulées, sur un support visible, parfois en hauteur : au milieu du salon, sur la table de la salle à manger, sur un accoudoir de fauteuil ou sur une chaise. Ce cadeau éminemment irritant pour les propriétaires sera déposé en cas de frustration majeure, par exemple un départ des propriétaires sans demander l'avis du « maître » de maison, le chien (dominant).

Et les agressions ?

Bien entendu, le chien dominant présente différentes formes d'agression que nous verrons dans un prochain chapitre.

Tableau récapitulatif de messages complexes des chiens

Caractéristiques du dominant	Caractéristiques du dominé
Mange le premier, quand il veut, à son aise.	Mange le dernier, quand on le lui impose et rapidement.
Assister à son repas accélère la vitesse d'ingestion des aliments ; le chien prend une posture haute.	Assister à son repas est sans influence sur la vitesse d'ingestion des aliments.
Le regarder fixement entraîne une posture haute et des grognements.	Le regarder fixement réduit la vitesse d'ingestion des aliments ; le chien prend une posture basse et grogne parfois.
Dort où il veut, dans la chambre, dans les fauteuils, au milieu d'une pièce.	Dort où on le lui impose, dans un coin d'une pièce sans valeur sociale, mais ni dans la chambre ni sur les fauteuils.

Reçoit les attentions gratuitement ou à sa demande.	Ne reçoit aucune attention, ou alors seulement en récompense d'une obéissance (soumission).
A accès à la sexualité exhibitionniste.	N'a pas accès à la sexualité, sinon en cachette.
Adopte une attitude dressée, pose ses pattes ou sa tête sur l'échine ou l'épaule des autres.	Adopte une attitude basse, accepte que le dominant pose ses pattes ou sa tête sur son échine ou ses épaules.
Ne se met pas en position couchée sur le dos en cas de conflit.	En cas de conflit, se couche sur le dos, pattes en l'air (position de soumission).
Se met sur le dos pour demander des caresses. Se raidit ou grogne pour faire cesser le contact.	Se met sur le dos pour se faire caresser. S'éloigne pour arrêter le contact.
Décide quand il va se promener, à quel endroit et pendant combien de temps.	Accepte le moment, le lieu et la durée de la promenade qui lui sont imposés.
Décide quand il veut jouer et impose le jeu aux autres.	Accepte le moment et le style de jeu qui lui sont imposés.
N'obéit aux ordres que s'ils amènent une gratification.	Obéit aux ordres rapidement.
Quand il est seul, marque à l'urine ou abîme les objets qui entourent le lieu de départ des autres membres du groupe (chambranles, portes).	Ne marque pas à l'urine ni ne détruit les lieux de sortie.
Empêche les individus d'entrer ou de sortir du groupe ou de la pièce.	Accepte l'entrée et la sortie de tout le monde.

Comment le chien s'intègre-t-il dans une hiérarchie à deux espèces ?

Comme nous l'avons vu précédemment, pour être un bon éducateur, il faut avant tout entretenir une bonne relation avec le chien. La place du chien dans une famille permettra de déterminer qui aura le plus de facilité à communiquer avec lui et à s'en faire obéir.

Une société patriarcale

Le chien n'est pas programmé pour s'intégrer naturellement dans les différentes sociétés humaines. Les humains s'organisent en société égalitaire, démocratique, totalitaire, etc. Le chien est programmé pour vivre dans une société patriarcale. Il fait preuve d'une grande plasticité et, comme nous l'avons vu, peut s'habituer à plusieurs espèces et cohabiter avec elles. Il peut développer des liens d'attachement avec l'homme. Son intelligence fort développée lui permet de comprendre bien des messages humains, surtout les messages émotionnels.

Nous savons aussi que le chien est passé maître dans l'art d'émettre et de comprendre des messages complexes du modèle : A envoie un message à B en présence de C. Par exemple, le chien mâle fait la cour à sa maîtresse en présence du mari de celle-ci. Cette simple interaction très fréquente dans laquelle le chien se rapproche de madame, se frotte contre elle, l'invite à jouer, tout cela alors que monsieur essaie de raconter à son épouse ce qui s'est passé durant sa journée de travail, a une grande influence sur le

103

L'ÉDUCATION DU CHIEN   COMMENT LE CHIEN S'INTÈGRE-T-IL DANS UNE HIÉRARCHIE...

statut hiérarchique de tous les intervenants. Le couple chien-femme devient temporairement dominant et monsieur régresse dans son statut hiérarchique. Ce statut, il peut le récupérer à tout moment s'il prend des postures hautes, s'il regagne le privilège d'être le seul à s'approcher de sa conjointe quand il le veut, s'il mange avant son chien et en présence de celui-ci, et si le chien assiste à son repas sans y participer, etc.

C'est un peu comme si chacun comptait inconsciemment les points de dominance gagnés, perdus, repris et arrachés par conflit au jour le jour. Lorsque le total des points du chien dépasse celui de l'homme — ou que les points amassés par la chienne dépassent ceux de la femme — la hiérarchie peut basculer.

Une hiérarchie à trois

Imaginons un trio formé d'un couple, un homme et une femme, et d'un chien mâle — le système étant patriarcal, le problème est plus fréquent avec le chien mâle qu'avec la chienne. Désignons l'homme par H, la femme par F et le chien par C, et voyons quelles sont les relations hiérarchiques possibles entre ces trois individus.

La situation idéale est définie par un triangle où l'homme et la femme sont en couple et où le chien est dominé.	H – F C
La hiérarchie C - F > H est très stable (la femme préfère le chien à son mari). Il s'agit d'un problème de système grave nécessitant une thérapie familiale, ce qui n'est pas simple à mettre en œuvre.	C – F H
La situation égalitaire est très instable et entraînera des conflits entre H et C, tous deux challengers. Cette situation se résout assez bien.	H – F – C

104

L'ÉDUCATION DU CHIEN   COMMENT LE CHIEN S'INTÈGRE-T-IL DANS UNE HIÉRARCHIE...

La situation de hiérarchie linéaire existe, mais elle n'est guère à souhaiter pour quiconque : H > F > C, C > H > F, F > C > H, F > H > C.	H F C	C H F	F C H	F H C
La situation de triangle inversé H > C – F est instable et a tendance à devenir C – F > H.	H C – F			
La situation de coalition entre le chien et l'homme contre la femme est rare et insupportable : H – C > F.	H – C F			
Dans certains cas, on dirait qu'un des membres agit comme observateur externe, sans intervenir : (H > C) F, (C > H) F.	H | – F C		C | – F H	
Les deux situations suivantes : (H > F) C et (F > H) C, dénotent des problèmes de système qui ne sont pas présentés aux vétérinaires en clinique.	H | – C F		F | – C H	

Dans l'exemple ci-dessus, on avait trois individus, un trio. Que se passe-t-il lorsque le milieu de vie compte quatre, cinq, six, sept individus, ou plus ?

Une hiérarchie dans une famille complexe

Dans certains cas, on ne parvient pas aisément à décoder la situation dans une famille nombreuse. On se trouve dans le domaine de la complexité. Il est alors impératif de remettre de l'ordre dans le système, au moins un ordre que le chien est susceptible de comprendre. Par exemple, pour un couple (Ho, Fe) ayant deux adolescents, un garçon

105

L'ÉDUCATION DU CHIEN   COMMENT LE CHIEN S'INTÈGRE-T-IL DANS UNE HIÉRARCHIE...

(Ga) et une fille (Fa), une fille (Fi) de neuf ans et un couple de chiens, un mâle (Cm) et une femelle (Cf), voici quelques situations acceptables, supportables, fonctionnelles ou dysfonctionnelles.

Fonctionnel	Fonctionnel	Fonctionnel	Dysfonctionnel	Dysfonctionnel
Ho – Fe	Ho – Fe	Ho – Fe	Ga	Fe – Cm
Ga – Fa	Ga	Ga – Cf	Cm – Fe	Ga
Fi – Cm – Cf	Cm – Fa	Cm – Fa	Ho	Ho
	Fi – Cf	Fi	Cf – Fa	Cf – Fa – Fi
			Fi	

Dans les deux situations dysfonctionnelles, le chien mâle va proposer des stratégies de conflit, des agressions compétitives, des gestions de l'espace, des marquages urinaires. Modifier son comportement ne sera possible qu'en changeant la hiérarchie qui caractérise le système. Pour cela, la participation de tous les membres de la famille est nécessaire.

Le chien intégré ou rejeté

Si le chien n'est pas intégré comme il le serait dans une meute, il manquera de repères et son anxiété augmentera. Il sera instable et pourra avoir des comportements nuisibles, même s'il n'est pas dominant.

 Il est essentiel que tous les membres de la famille soient d'accord sur la façon d'éduquer le chien. Quand tout le monde est d'accord, la situation est claire pour le chien. Et ce qui est clair est apaisant.

 Si l'un dit «oui» et que l'autre dit «non», la situation est floue et le chien ne sait pas comment se comporter. Peut-il se coucher dans les fauteuils? «Oui» quand madame est seule avec lui, «non» quand son mari est présent, mais «oui» à nouveau si le mari est seul dans la maison avec le chien, et encore «non» puis «oui» s'il y a des invités, car on n'ose pas crier contre le chien en leur présence. Le chien tentera de tirer le maximum de bénéfices de ce contexte.

Le statut du chien et l'éducation

Le chien obéit en fonction d'un système d'autorité ou de récompenses. Pour l'autorité, c'est le statut de l'éducateur ou du membre de la famille par rapport à celui du chien qui entre en ligne de compte. Si la personne est dominante, elle aura davantage d'autorité et le chien obéira plus aisément. Si la personne est dominée, le chien n'a aucune raison de se soumettre à son autorité.

Si la personne est dominée mais qu'elle apporte au chien d'excellentes gratifications, l'animal se fera un plaisir d'obéir, mais ce jeu d'obéissance ne remettra pas son statut de dominant en question. Pour cela, il faudrait que la personne affiche elle aussi les caractéristiques et les privilèges des dominants. Obtenir de son chien une certaine obéissance n'est pas synonyme de dominance.

107

L'ÉDUCATION DU CHIEN   COMMENT LE CHIEN S'INTÈGRE-T-IL DANS UNE HIÉRARCHIE...

Les agressions

« **M**on chien n'obéit pas. On m'a dit qu'il est dominant. On m'a montré comment le secouer par la peau du cou et le retourner par terre. Depuis, il me mord. Que faire ? »

On dénote ici une confusion entre les concepts d'agression, de dominance et de méchanceté intentionnelle. On prend l'une pour l'autre, et ce n'est pas innocent. Si le chien a une intention méchante, on se sent moralement en droit de lui infliger une punition. S'il est dominant, faut-il le soumettre ? Mais s'il présente une séquence d'agression particulière, que faut-il faire ?

Définition

L'agression est une menace ou une atteinte physique à l'intégrité ou à la liberté d'un autre individu. L'agressivité est un état réactionnel caractérisé par une plus grande probabilité de déclenchement de comportements d'agression.

On trouve de nombreuses formes d'agression chez le chien. Certaines sont normales, d'autres pathologiques. Ce guide porte sur l'éducation du chien ; il ne propose pas des thérapies. Je n'insisterai donc pas sur les comportements d'agression qui nécessitent toujours une évaluation par un expert. En effet, même en présence d'une séquence d'agression normale, il y a un danger pour l'entourage. Il convient de calculer ce risque. La loi et l'éthique obligent les individus à porter secours à toute personne en danger, et les morsures de chien mettent des gens en danger. Il n'est pas possible de faire une évaluation des risques sans procéder à une expertise.

Cependant, le lecteur, pour éduquer correctement son chien et assurer une prévention adéquate, doit pouvoir comprendre les comportements d'agression qui sont normaux.

Il existe différentes formes d'agression, que l'on peut reconnaître en étudiant les séquences des comportements d'agression, les circonstances de leur apparition, et l'état psychologique et émotionnel du chien. Différentes classifications ont été proposées à ce jour. Je retiendrai les quatre groupes suivants:

- Agressions compétitives ou hiérarchiques.
- Agressions de défense : par irritation, par peur, territoriale et maternelle.
- Hyperagressions et agressions atypiques.
- Agressions de chasse ou prédation.

Ces différentes formes d'agression sont résumées ci-dessous dans deux tableaux, le premier exposant les contextes et les circonstances de l'agression, le second explicitant les séquences d'agression.

Contextes et circonstances d'agression

Agressions	Contextes, circonstances
Compétitive	Remise en cause ou tentative d'acquisition des prérogatives hiérarchiques : contrôle de l'espace, lieu de couchage (lit, fauteuil, coin du tapis, etc.), partenaire social ou sexuel (flirt), etc.
Par irritation	En cas de frustration, de faim (défense d'un aliment), de douleur, de stimulations tactiles répétées malgré la menace du chien (sa demande d'interrompre l'interaction).
Maternelle	Défense, par une chienne qui allaite, de sa progéniture menacée (ou d'un substitut lors d'une «grossesse nerveuse»).
Par peur	Le chien est placé dans une situation qu'il juge dangereuse et dont il ne peut s'échapper, physiquement ou mentalement.

Prédation (chasse)	Vise à assurer la capture, la mise à mort et parfois l'ingestion d'une proie.
Territoriale	Vise à empêcher une intrusion dans le territoire du groupe.

Séquences d'agression

Agressions	Différents éléments en séquences	Morsures
Compétitive	intimidation — attaque contrôlée — apaisement	contrôlées
Par irritation	intimidation — attaque contrôlée — apaisement	contrôlées
Par peur	intimidation limitée — attaque quasi directe	fortes, répétées
Prédation	séquences typiques de chasse	fortes
Hyperagression	attaque directe ou quasi directe	fortes
Atypique	imprévisibilité — attaque — grognement	fortes

Une morsure contrôlée consiste en une mise en gueule, un pincement, sans serrer, ne laissant que peu de marques, parfois quelques ecchymoses. Une morsure forte perce la peau et nécessite des soins.

Voyons maintenant en détail chacun des types d'agression, en commençant par celle que l'on rencontre le plus souvent dans une famille : l'agression compétitive ou hiérarchique.

L'agression compétitive ou hiérarchique

L'agression compétitive peut être qualifiée de comportement normal chez le chien. Elle n'est en rien pathologique tant que les séquences comportementales sont intactes. Ce n'est pas parce que nous vivons avec des chiens depuis plus de 15 000 ans qu'ils ont perdu toute agressivité.

Cette agression se manifeste en situation de compétition pour l'accès à un aliment, pour la maîtrise d'un espace, pour le contrôle d'un partenaire social ou sexuel, *et ce, aussi bien entre chiens qu'entre chiens et humains*. Cette forme d'agression dépend donc du statut hiérarchique respectif de l'animal et de ses propriétaires.

La séquence de l'agression compétitive comprend trois phases : la menace ou l'intimidation, l'attaque et l'apaisement. Cependant, elle se limite parfois à la première phase.

Le tableau qui suit indique la fréquence de chacun des comportements qui composent la séquence d'une agression compétitive d'un chien face à un humain (adapté de P. Pageat, 1995).

Phase	Comportement	Fréquence
Intimidation	Grognements	97%
	Hérissement des poils du cou	90%
	Oreilles et queue dressées	98%
	Pattes et corps raides	94%
	Regard : yeux dans les yeux	79%
Attaque	Pincement bref	69%
	Morsure contrôlée en tenant	53%
	Claquement des dents dans le vide	4%
Apaisement	Membres antérieurs posés sur le torse	41%
	Membres antérieurs posés sur les genoux	39%
	Léchage de la région mordue	45%
	Mordillement des cheveux ou d'une oreille	25%

Un chien menaçant exprime son désaccord avec certaines situations. Si son avis n'est pas respecté, il ira plus loin et passera à la seconde phase, celle de l'attaque. On peut affirmer qu'un chien qui grogne mordra un jour. C'est une certitude.

Le chien ne passe à la phase d'attaque que si ses menaces se révèlent insuffisantes. Trois types de morsures font partie de son arsenal :
- une prise en gueule sans serrement ;
- une morsure de type pincement ;
- une morsure forte provoquant des lésions corporelles.

Chacun de ces types de morsures correspond à un statut social.

Morsure contrôlée de type pincement, avec prise en bouche	Chien dominant
Morsure forte et tenue, mal contrôlée, provoquant des lésions corporelles	Chien challenger
Absence de morsure, évitement du conflit	Chien dominé

Ayant un statut intermédiaire entre le dominant et le dominé, le chien challenger se croit capable d'entrer en compétition avec ses propriétaires et il les défie. Ce n'est pas le chien dominant qui inflige les morsures les plus fortes.

Si le chien s'estime en position de challenger, il tiendra sa prise jusqu'à ce que l'adversaire se soumette, ou il accompagnera la morsure de mouvements de corps ou de fauchage par les pattes pour faire tomber l'adversaire. Le chien challenger est bien plus dangereux, mais son statut social est beaucoup plus facile à modifier. C'est à retenir.

L'attaque cesse avec la soumission du vaincu. Ce dernier, pour éviter la morsure, doit jouer au mort, présenter sa gorge et son ventre et, si nécessaire, émettre un peu d'urine. Cette posture est un rituel auquel le dominant répond par un arrêt immédiat des hostilités, ou un claquement des mâchoires dans le vide. C'est ainsi que les choses se passent chez les chiens qui jouissent d'un bon équilibre. D'autres chiens, moins équilibrés ou n'ayant pas appris à se contrôler adéquatement, iront jusqu'à la morsure, voire au meurtre du congénère.

Si le vaincu ne se soumet pas — parce qu'il n'a pas appris les postures rituelles —, le combat dégénère et la scène se transforme en guerre. Les chiens ne s'en tirent généralement pas sans blessures sérieuses.

La phase de l'apaisement est généralement mal connue et très mal comprise. Le dominant prend une attitude haute et signifie au dominé que le conflit est terminé en léchant la région mordue. Demande-t-il pardon, comme le croient bien des gens ? Non, il demande en fait la soumission. Le propriétaire mordu qui accepte que son chien le lèche reconnaît implicitement avoir perdu le conflit et être descendu d'un échelon dans la hiérarchie.

Le chien dominant apaise le conflit en :
• léchant la région mordue, présentée par le propriétaire ou un autre chien.
• posant ses antérieurs sur les genoux de son propriétaire.
• posant sa tête sur l'épaule de son propriétaire ou sur l'encolure de l'autre chien.
• chevauchant le chien battu ou le bras, la jambe ou le dos du propriétaire mordu.

L'agression territoriale

Le chien ne possède pas de territoire individuel ; cependant, il se choisit des zones de couchage et d'isolement qu'il défend au besoin. La meute possède un territoire qui est identifié par des agressions territoriales et des hurlements (chez certaines races, par exemple le husky). L'agression est déclenchée en cas d'intrusion et se déroule selon les trois phases classiques : menace, attaque, apaisement.

Au cours de la phase de menace, ou d'intimidation, le chien résidant vient à l'encontre de l'intrus en aboyant, poil hérissé, queue et oreilles dressées, avec une posture haute. Il s'arrête à quelques mètres du visiteur indésirable, le fixe du regard et grogne.

Si l'intrus reste et fait face, le résidant gratte le sol avec ses membres postérieurs, parfois avec les quatre pattes, et lève la patte sur la zone grattée. Il continue à faire face et à grogner. Si son vis-à-vis ne part toujours pas, le résidant marque à l'urine le sol gratté à plusieurs reprises. Si l'intrus ne part pas, le résidant passe à l'attaque.

Au cours de la phase d'attaque, le résidant charge l'intrus, qui recule de quelques mètres.

Vient finalement la phase d'apaisement, au cours de laquelle le résidant vainqueur aboie, tête haute, gorge tendue, et agite la queue maintenue dressée.

Une fois ce protocole respecté, les deux chiens peuvent prendre contact à condition que l'intrus s'approche avec une position basse en suivant un trajet sinueux et qu'il présente des attitudes d'apaisement et de soumission.

Aboiement lors d'une défense territoriale.

Le déroulement de ces phases peut se modifier avec l'expérience, le chien attaquant de plus en plus vite, court-circuitant la phase d'intimidation, ou associant une intimidation silencieuse à l'attaque. Il passe alors à l'acte, c'est-à-dire qu'il se met à mordre.

L'agression territoriale contre le facteur

Le facteur s'approche de la maison, le chien aboie. Le facteur dépose le courrier dans la boîte aux lettres, le chien aboie de plus belle. Le facteur s'éloigne, le chien se calme.

En fait, l'agression du chien est récompensée, puisque la menace et la charge ont pour but de reconduire le facteur hors du périmètre défendu, ce qui se produit effectivement. L'agression va donc augmenter en intensité et en fréquence.

Si le facteur se retrouve face au chien et qu'il transgresse l'interdit, le chien le mordra. La morsure est efficace (récompensée) puisque le facteur s'éloigne toujours ; elle gagnera à coup sûr en intensité et en fréquence.

C'est là, malheureusement, un scénario très fréquent.

L'agression maternelle

La chienne qui allaite protège sa portée contre les intrus. Ce type d'agression a des points communs avec l'agression territoriale : la chienne défend le lieu où elle s'est isolée avec ses petits. Dans la phase de menace, la mère reste couchée auprès de ses petits et grogne en fixant l'intrus. Cette courte intimidation est suivie d'une charge qui s'accompagne de multiples morsures, parfois violentes, jusqu'à ce que l'intrus s'éloigne. La chienne réintègre alors sa couche, remue la queue en regardant ses chiots et se met à les lécher.

L'agression maternelle est déclenchée par la présence des chiots, par la proximité du lieu de mise bas ou de repos de la portée, mais aussi par la présence de substituts, de leurres, d'objets de remplacement lors de périodes de pseudo-allaitement («grossesse nerveuse»).

L'agression par irritation

Cette forme d'agression est assez complexe. En fait, tout le monde risque d'y être confronté un jour ou l'autre. Elle est déclenchée par :
- la douleur, qu'elle soit liée à une punition corporelle ou à une maladie (abcès dentaire, otite, infection cutanée, arthrose), ce qui explique qu'elle puisse se présenter plus fréquemment chez le chien vieillissant ;
- les privations telles que la faim ou la soif ;
- les frustrations, provoquées par exemple par la présentation d'un jouet ou d'un aliment inaccessible ;
- les contacts tactiles répétés, comme les caresses ou les chatouillements, quand le chien a clairement demandé l'arrêt du contact ;
- les altérations sensorielles telles que la diminution de la vue (atrophie progressive de la rétine) ou de l'audition (surdité). La réduction de la vision par une frange de poils

apparaît comme une cause fréquente d'agression par irritation, surtout contre les enfants qui sont attirés par ces chiens à l'aspect «nounours».

L'agression par irritation est également soumise à l'influence des hormones sexuelles. Cela signifie qu'elle risque d'augmenter à la puberté et pendant les périodes de chaleurs chez la chienne et chez le mâle qui perçoit les phéromones des femelles en chaleur.

Les séquences comportementales que l'on observe dans ce type d'agression diffèrent selon le niveau hiérarchique du chien. Celui-ci présente souvent une dilatation des pupilles qui fait en sorte que son regard reflète la lumière d'une façon inhabituelle. Il a les yeux rouges ou fluorescents, un regard qualifié de «fou». Voici la description qu'a élaborée Patrick Pageat (1995) de ces séquences comportementales.

Chez le chien dominant, la séquence se présente en quatre phases. La phase de menace: devant du corps dressé, pattes arrière fléchies, tête rentrée, oreilles couchées, poil hérissé et babines retroussées, le chien grogne. La phase d'attaque suit de près — ou accompagne — l'intimidation: la tête est projetée en avant et la morsure est brève, répétée, assortie de secouements de l'adversaire. À sa suite on observe une nouvelle phase de menace et, si nécessaire, une nouvelle attaque, jusqu'à ce que l'adversaire se soit éloigné. L'apaisement peut alors avoir lieu: le chien vient lécher la main ou la blessure de son adversaire avant de s'éloigner dans son lieu de repos habituel.

Le chien dominé ou en position hiérarchique neutre (il ne fait pas partie de la hiérarchie) présente une séquence en trois phases. La phase de menace: le chien est couché, pattes repliées, corps basculé sur le côté; il émet un grognement sourd, peu audible; les oreilles sont couchées, les yeux sont rouges, le regard est fuyant. Il mord en projetant la tête en avant de façon répétée, du bout des dents; les plaies sont peu importantes. La séquence ne se termine pas par une phase d'apaisement comme telle, mais le chien s'enfuit lentement, dans une position basse, le corps au sol, tout en grognant. Il fuit le dos courbé, la queue entre les membres postérieurs, vers un coin où il se réfugie.

L'agression par irritation est parfois redirigée. Imaginons un chien qui se promène avec son maître, qui aperçoit soudain d'autres chiens et se montre agressif envers eux. Il désire les attaquer, mais est retenu en laisse par son propriétaire. Si la traction sur la laisse se fait par à-coups, elle peut provoquer une douleur ou une frustration qui amènera le chien à se retourner et à mordre la personne qui se trouve le plus près de lui, généralement son guide. À ce moment, la morsure ne s'accompagne pas de phase de menace ; elle peut être unique ou répétée. Mal contrôlée, elle occasionne des hématomes.

L'agression par peur

On dit souvent que les chiens « mordent par peur ». La confusion règne ici aussi. En étho-logie, la science du comportement, l'agression par peur définit une situation exceptionnelle, celle d'un chien qui a peur, qui est coincé, qui ne peut fuir et se défend contre une menace avec une énergie décuplée, sans aucune maîtrise de soi. Cette absence de contrôle rend l'agression par peur très dangereuse, l'animal infligeant alors des plaies sérieuses. Quand je dis qu'il s'agit d'une situation exceptionnelle, il faut tout de même signaler que 40 % des chiens peureux risquent de mordre. Ils peuvent d'ailleurs alterner fuite et agression, suivant les circonstances.

L'agression par peur ne se déroule pas selon des phases organisées. À l'observation, le chien émet des messages de peur prenant la forme d'une posture basse et de cer-tains signaux émotionnels : pupilles dilatées, oreilles couchées, queue abaissée entre les membres postérieurs, tremblements, éliminations involontaires, vidange des glandes ana-les, halètements, salivation. Le chien envoie aussi des messages de menace comme des grognements très sourds, la rétraction des babines et la découverte des crocs. Parfois, à la posture basse et couchée se substitue une posture debout apparemment haute, mais se doublant de signaux émotionnels involontaires qui traduisent la peur.

Lorsqu'une distance de sécurité — dite distance critique — est franchie, le chien atta-que avec l'énergie du désespoir en n'exerçant aucun contrôle sur ses morsures, causant des plaies sévères et des dégâts considérables. Il n'y a pas d'apaisement. Après la morsure, le chien fuit ou se terre pour attaquer de nouveau à la moindre intrusion dans sa zone d'isolement.

Les chiens qui n'ont pas grandi dans des conditions optimales — qui ont par exem-ple vécu en chenil et qui n'ont pas appris que la fuite constituait une stratégie possible pour réduire sa peur — risquent d'opter pour une agression par peur alors que la fuite est possible.

Enfin, certains chiens qui ont peur lors d'une interaction sociale précise — une personne qui les regarde, qui veut les toucher, un individu à la démarche hésitante ou vacillante, une personne ou un chien qu'ils croisent simplement dans la rue — anticipent le contact ou l'approche et amorcent une intimidation : poils hérissés, oreilles en partie couchées, queue agitée, ils se lancent sur la personne, vont aboyer très violemment à proximité d'elle ou la mordent directement aux jambes, aux bras, ou même à la figure. Ces chiens phobiques sont dangereux, particulièrement si leur propriétaire ne peut les retenir et si la victime est un enfant.

Dans ce cas, il ne s'agit pas à proprement parler d'agression par peur. La séquence ressemble davantage à celle qui caractérise une agression territoriale, mais elle est indépendante du territoire du groupe et elle implique spécifiquement les chiens qui ont peur d'un contact particulier.

L'agression de prédation

L'agression de prédation constitue la dernière séquence du comportement de chasse. Peut-on ou non la considérer comme une agression ? Aux spécialistes de débattre de la question. Il y a certainement un respect de la définition du mot agression telle que précisée au début de ce chapitre, mais on n'y trouve pas les émotions liées à la compétition ou à la défense de soi ou du groupe.

La victime est un individu auquel le chien a été peu ou mal socialisé dans son jeune âge et qui se comporte comme une proie dans un contexte de chasse : cet individu fuit devant le chasseur. On observe deux séquences caractéristiques, suivant la taille de la proie.

Le chasseur attaque les proies de petite taille en sautant, pattes jointes ; la queue est dressée à la verticale, tout comme les oreilles, le poil est hérissé sur le dos. Plusieurs sauts sont nécessaires pour immobiliser — assommer — la proie. Celle-ci est saisie entre les dents et secouée vigoureusement jusqu'à la rupture de la colonne vertébrale.

Les proies de grande taille sont chassées en groupe. Il s'agit d'une entreprise hautement organisée entre les membres de la meute, mais un chien isolé peut s'aventurer à attaquer une grande proie. Dans des attaques contre des humains, différentes morsures sont utilisées : des morsures aux jambes, avec tentative de rupture des tendons afin d'entraver la fuite, des morsures au cou, sans doute pour déchirer les gros vaisseaux et affaiblir la proie, des morsures à la nuque et des lacérations du cuir chevelu (sur la proie vivante).

Lorsqu'un groupe de chiens s'attaque à une proie, il s'installe une compétition et un encouragement entre les prédateurs. L'attaque est toujours plus violente. Pour la mise à mort, appelée « curée », tous les chiens attaquent et arrachent des morceaux de chair en même temps. Une proie de petite taille est littéralement mise en pièces vivante.

Agression de prédation contre des enfants

Chaque année, on rapporte quelques rares cas d'attaques mortelles imputables à une agression de chasse contre un enfant. Comme l'agression par peur, l'agression de prédation est dans ce cas liée à une socialisation absente ou déficiente : le chien ne reconnaît pas à l'enfant un statut humain, le considérant plutôt comme une proie potentielle. On distingue ici deux types de séquences :

1. Pattes jointes, le chien saute sur l'enfant ou le landau, ou mordille les mains et les bras qui s'agitent tout près de sa gueule, comme il le ferait pour une proie de petite taille, dont il saisirait ensuite la nuque entre ses mâchoires pour la secouer et lui rompre les vertèbres.
2. En groupe, les chiens peuvent également attaquer des humains aux gestes saccadés ou affaiblis — et les enfants sont des proies faciles pour une meute de chiens errants.

Comme nous ne connaissons aucun traitement pour cette forme précise d'agression, son diagnostic requiert la séparation totale et définitive de l'enfant et du chien.

Les hyperagressions

Certaines agressions ne respectent pas les séquences décrites plus haut, et la morsure qui les accompagne n'est pas contrôlée. Dans de nombreux cas, la phase de menace en est absente, dans d'autres, elle suit la phase d'attaque. On parle alors d'agressions atypiques et d'hyperagressions.

Toutes les séquences que j'ai décrites précédemment peuvent subir l'effet de l'apprentissage. C'est-à-dire que, si l'agression est couronnée de succès, elle est en quelque sorte récompensée et elle se renforce. Une agression qui se renforce perd la phase d'apaisement, voit se réduire la phase de menace et s'accompagne d'une augmentation de l'intensité et de la violence de la phase d'attaque. La séquence perd sa cohérence et ses contrôles. Il s'agit d'une hyperagression.

Évolution des agressions

Toutes les agressions ont tendance à augmenter spontanément au fil du temps. C'est pourquoi chacune nécessite d'être expertisée par un vétérinaire spécialisé en comportement. Pourquoi un vétérinaire? Parce que certaines séquences d'agression sont liées à des pathologies du corps (hormones, douleurs, tumeurs, etc.) ou du comportement (variations d'humeur, anxiété, hyperactivité, âge, etc.).

Traiter les comportements d'agression

Une menace constitue déjà une agression. Je recommande de faire diagnostiquer et de traiter les agressions le plus rapidement possible. Si l'on attend la première morsure forte, il est souvent déjà tard pour traiter parce que le propriétaire a perdu confiance.

L'agression n'est qu'une manifestation dans un tableau qui comporte de nombreux autres symptômes. Ce n'est pas l'agression que l'on soigne, mais l'animal dans son écosystème.

Tous les chiens agressifs pourraient être soignés si l'on disposait d'instituts «psychiatriques» adaptés. Mais c'est un rêve qui ne verra pas le jour de sitôt. Dès lors, un chien ne sera traité que si son environnement (physique et social) permet de gérer sa dangerosité.

Les médicaments sédatifs (camisole chimique) sont utilisés exceptionnellement. On leur préfère des médicaments régulateurs qui permettent l'apprentissage.

Les thérapies telles qu'un réajustement de la hiérarchie, une modification des modes de communication ou des désensibilisations devront être proposées en fonction de chaque situation.

DEUXIÈME PARTIE
Le développement
et l'insertion du chien

Éducation et développement

Quelle est la relation entre développement et éducation? C'est en maîtrisant les différentes étapes du développement d'un chiot que l'on parvient à faire le meilleur travail de prévention. Et la prévention, c'est de l'éducation. Pourquoi ne pas profiter des périodes pendant lesquelles l'apprentissage est facilité? Pourquoi devrait-on attendre qu'un chien soit adulte pour l'éduquer?

Si vous avez un chiot ou avez l'intention d'en acquérir un, ces quelques chapitres vous concernent. Si vous avez un chien adulte, parcourez rapidement ces chapitres pour voir si quelque chose vous intéresse, mais dirigez-vous plutôt à la prochaine partie, qui concerne l'apprentissage.

Un développement en plusieurs stades

Le chiot se développe en plusieurs stades imbriqués les uns dans les autres.

Le premier stade se limite à l'établissement d'un système *neurovégétatif* fonctionnel. Ce système contrôle l'ensemble des fonctions corporelles, sans l'intervention de la conscience et de la volonté.

Le deuxième stade consiste en l'élaboration du système *émotionnel* et *affectif*, de l'attachement à l'espèce « chien », à l'espèce « homme » et à d'autres espèces : « chat », « lapin », etc.

Le troisième stade assure l'édification d'un système d'intégration des connaissances et d'interprétation des informations provenant de l'environnement. On parle du système cognitif. On pourrait parler aussi d'«intelligence».

Les étapes essentielles

Il existe dans la littérature spécialisée plusieurs modèles différents pour expliquer le développement du chien. Je me limiterai ici à développer les étapes qui correspondent aux demandes les plus fréquentes de la part des propriétaires de chiot. J'emploierai l'expression «période de socialisation primaire» (de 3 semaines à 3 mois), même si elle suppose une contrevérité linguistique. Cette période apparaît essentielle pour de nombreux apprentissages indispensables : l'empreinte, la socialisation aux espèces amies, l'habituation au biotope, l'attachement réciproque, le sevrage, le conditionnement des lieux de toilette, le contrôle de la morsure et de la motricité… C'est une période d'imprégnation et d'autorégulation.

Je procéderai de façon logique. Le développement commence avant la naissance et se termine vers la puberté. Entre-temps, le chiot aura appris les premiers conditionnements, notamment où il faut éliminer, il aura été adopté, inséré dans une famille dans laquelle il poursuivra et terminera son développement. Voici donc les étapes que je propose.
- Autour de la naissance
- En compagnie de la mère et de l'éleveur
- Les premiers conditionnements, la propreté
- Quitter la mère et découvrir la famille d'accueil
- L'adoption d'un chiot
- Le choix d'un chiot — les tests de sélection
- L'insertion d'un chiot
- Avant la puberté, la période entre 4 et 6 mois
- Autour de la puberté
- Facteurs de risque
- L'adoption d'un chien adulte

Si vous le désirez, accompagnez le chiot dans un voyage dans le temps. Sous vos yeux et dans votre imaginaire, il va grandir, passant d'un fœtus compétent à un adulte social.

Autour de la naissance

Avant la naissance

Le chiot commence avant la naissance à acquérir des compétences tactiles et émotion-nelles. Des travaux scientifiques ont démontré que l'embryon réagissait déjà à certaines informations et qu'il développpait des caractéristiques individuelles.

C'est désormais une chose connue chez l'être humain. De nombreux travaux ont également été concluants avec les rongeurs en laboratoire et le chat. Quelques tests ont été effectués avec le chien.

Chez le chien, trois observations de Patrick Pageat (1995) permettent de tirer des conclusions comparables à celles qui s'appliquent aux autres mammifères étudiés.

1. Apprentissage du toucher par des chiots au 45e jour de la grossesse

Des chiennes pleines de 45 jours subissent une palpation profonde de l'abdomen. Les fœtus, surveillés par échographie, manifestent une forte agitation dans les 30 secondes qui suivent la manipulation. Cette agitation s'atténue le troisième jour et disparaît le quatrième.

On peut en conclure qu'il y a une compétence tactile chez un fœtus de 45 jours et des capacités d'habituation (diminution de réaction). On pense que cette capacité peut jouer un rôle dans la tolérance ultérieure des chiots au contact.

2. Réponse des chiots à une émotion maternelle

Des chiennes enceintes de 45 jours sont soumises au stress d'une détonation. Les chiots sont surveillés par échographie. On peut observer des mouvements et, fréquemment, une mise en contact avec la bouche (peut-être une succion) d'une patte avant ou du cordon ombilical. La durée de la réaction, qui varie de 6 à 55 secondes, semble être en relation avec l'intensité du stress ressenti par la mère.

On peut conclure à une résonance de l'émotion maternelle chez les chiots. On pense que des stress répétés vécus par la femelle en gestation peuvent influer sur la capacité ultérieure des chiots à affronter des stress.

3. Induction de préférence alimentaire

Cette fois, des chiennes en gestation (lot «test») reçoivent chaque jour 20 gouttes d'essence de thym. D'autres (lot témoin) ne reçoivent aucun additif. Après la naissance, on dépose sur certaines mamelles de l'essence de thym. On note pour chaque chiot la mamelle choisie. La majorité des chiots du lot «test» préfèrent les mamelles parfumées au thym, tandis que les chiots du lot témoin optent pour les mamelles non parfumées.

On en conclut qu'il est possible d'orienter le goût des chiots en fonction du régime alimentaire de la mère.

Conseils pratiques

Pour obtenir des chiots plus tolérants au contact et moins sujets aux émotions extrêmes, il est recommandé:
- de caresser les mères enceintes, de leur palper gentiment le ventre, jour après jour;
- d'éviter de stresser les mères de façon répétée ou chronique.

Entre la naissance et l'âge de 2 semaines
La période néonatale

Le chiot est un être malhabile qui se déplace en rampant, orienté vers la mamelle et l'odeur du lait, qui pousse des cris de détresse en cas d'isolement, de froid, de faim ou de douleur. Ses capacités d'homéothermie (contrôle de la température corporelle) et d'apprentissage sont limitées. Le nouveau-né est un être non autonome et, en apparence, peu influençable psychologiquement dans les tests de conditionnement classiques.

Les chiots tètent et dorment. Leur mère s'occupe d'eux de façon active : elle les nettoie en les léchant, les pousse vers ses mamelles. Elle s'attache à eux et marque une forte détresse en leur absence. À cet âge, les chiots s'attachent à n'importe quelle nourrice. Ils sont incapables d'excréter seuls. Le réflexe d'élimination est activé par une stimulation du périnée par la mère ; celle-ci lèche cette région et ingère les excréments de ses petits. La position de nettoyage deviendra la position de soumission du chien à l'âge adulte.

Comportements du chiot nouveau-né

Le chiot dort 90 % du temps. Et 95 % de son sommeil est constitué de sommeil paradoxal (rêves). Celui-ci s'accompagne de mouvements incessants de la face et des oreilles, de tremblements, de vocalises… Les chiots dorment en groupe, et les frictions tactiles jouent probablement un rôle dans la maturation sensorielle.

Le temps de veille est occupé par les tétées. Elles sont synchrones pour tous les chiots.

Le chiot s'agite, rampe et pousse des cris. Il s'oriente vers une source de chaleur (thermotactisme). Sa tête oscille latéralement. Dès que la face entre en contact avec un objet, le chiot s'oriente dans cette direction (réflexe facial). En contact avec un pelage, il fouille du museau (réflexe de fouissement) et rampe vers la mamelle. Au contact de la tétine, la succion est déclenchée (réflexe labial). Pendant la tétée, les membres antérieurs pétrissent la mamelle.

Le chiot de moins de 2 semaines rampe.

Les membres antérieurs acquièrent un certain tonus en 10 jours, avant les membres postérieurs. Ce n'est qu'à la fin de la deuxième semaine que les membres postérieurs supporteront le poids du corps.

Dès qu'il perd le contact avec sa mère ou le reste de la portée, le chiot isolé s'agite, miaule et gémit, amorce des mouvements pendulaires de la tête et une reptation circulaire. La mère entend son petit, va à sa recherche et le ramène au nid.

Capacités sensorielles du chiot nouveau-né

Les chiots nouveau-nés sont aveugles et sourds. En revanche, leur sensibilité tactile est bien développée. Ils reconnaissent une texture fine ou grossière. Leur sensibilité thermique est compétente, mais la régulation de la température corporelle étant très faible, ils ont tendance à se rapprocher de la chaleur ; leur thermostat est inefficace puisque le centre nerveux (dans le bulbe) n'est pas arrivé à maturité. Le sens du goût est bien développé. Le chiot distingue le sucré de l'amer. Il suce le sucré et se détourne de l'amer, plissant la face, tirant la langue et salivant.

Léchage du périnée et apprentissage de la posture de soumission.

Interactions du chiot nouveau-né avec sa mère

La chienne passe l'essentiel de ces deux premières semaines couchée avec sa portée, les chiots rassemblés autour d'elle. Pendant la tétée, elle semble passive, mais elle peut très bien ramener un chiot vers ses mamelles avec son museau. À la fin du repas, elle lave ses petits, les lèche, les frictionne avec la langue, les retourne. Elle stimule la région périnéale, activant le réflexe d'élimination, et ingère ensuite les excréments. Si elle ne le faisait pas, les chiots seraient incapables d'éliminer et mourraient.

Grâce à ces contacts, la chienne stimule la sensibilité tactile du chiot et contribue à la maturation de son système sensoriel cutané.

L'attachement entre la mère et le chiot

C'est pendant la période néonatale que la chienne développe l'attachement aux chiots. Tout ce qui la sépare d'eux entraîne une forte détresse.

À cet âge, les chiots s'attachent à n'importe quelle mère. L'attachement n'est donc pas encore réciproque. L'attachement de la mère aux chiots est spécifique. Même si cette dernière accepte d'adopter des chiots étrangers, ceux-ci n'apaisent pas l'angoisse créée par l'absence de ses propres chiots.

Influences de l'expérience du chiot nouveau-né sur le comportement adulte

La position de soumission du chien adulte lors d'un conflit est comparable à la position de maternage du chiot nouveau-né. Le chien est couché sur le dos, pattes écartées, immobile.

En 1993, j'avais émis l'hypothèse suivante : la position du chiot lors de la stimulation périnéale influe sur la position de soumission du chien adulte.

Patrick Pageat a démontré que c'était exact. Lorsqu'un chien a été materné par un être humain depuis sa naissance et que la stimulation périnéale a été faite en le laissant couché sur le ventre, c'est cette posture qu'il préfère ultérieurement comme position de soumission. Il reste encore à démontrer à quel âge l'animal fait réellement cette acquisition.

Quand un chiot est materné par une chienne, le retournement pour le placer en position dorsale est quasi systématique. C'est pourquoi cette posture est si répandue chez toutes les races. On a longtemps pensé qu'il s'agissait d'une posture innée, inscrite dans la génétique. Il n'en est rien. C'est une posture apprise, développée comme un rituel, à partir d'une posture naturelle de maternage.

Conseils

Pour activer le développement et la maturation du cerveau du chiot, il est recommandé de :
- le manipuler tous les jours en douceur ;
- le peser, le retourner ;
- respecter son sommeil (c'est pendant le sommeil qu'est sécrétée l'hormone de croissance).

De 2 à 3 semaines
La période de transition

Les yeux du chiot s'ouvrent vers l'âge de 2 semaines. Le chiot entend vers 3 semaines. À ce moment, il sursaute lorsqu'il entend du bruit.

Ouverture partielle des yeux
chez un chiot golden retriever de 15 jours.

La période de transition est une période de jonction, artificiellement définie. Située entre la période néonatale et la période de socialisation, elle débute avec l'ouverture des yeux (vers 10-16 jours) et se termine avec l'apparition du réflexe de sursaut auditif (vers 21-25 jours).

La période de transition intègre divers concepts intéressants à définir : la maturation des sens, l'attachement réciproque, l'imprégnation d'identification, les problèmes d'imprégnation d'identification et le réflexe de sursaut au bruit. L'imprégnation, l'empreinte, le test du miroir, le test de l'isolement et les idées connexes ont déjà été étudiés dans les chapitres précédents.

Maturation sensorielle

Le chiot voit, il sent et il entendra sous peu. Son cerveau subit une maturation complémentaire, et le chiot intègre de nouvelles données sensorielles. Malgré sa surdité temporaire, il pousse des grognements et des aboiements.

Attachement réciproque

Désormais, le chiot reconnaît sa mère (vue, odeur) et l'attachement devient réciproque. En cas de séparation, les deux éprouvent de la détresse. La mère ne peut plus être remplacée par un coussin chaud, une bouillotte ou une autre mère ; c'est elle et personne d'autre qui devient la source d'apaisement.

Le réflexe de sursaut au bruit

L'apparition de ce réflexe signe l'apparition de l'audition, la maturation du cortex temporal et donc, par définition, la fin de la période de transition et le début de la période de socialisation. Ce test et sa signification ont été validés par Pageat.

Test du réflexe de sursaut

Comment effectuer le test du réflexe de sursaut ?
- Placez le chiot sur une surface douce et tiède pour ne pas le stresser.
- Claquez des mains à environ 10 cm au-dessus de sa tête.
- Le chiot sursaute, se soulève sur ses membres antérieurs et se laisse retomber.

Anomalies du réflexe de sursaut

Le réflexe peut être diminué (ou absent) ou augmenté.

- Réflexe absent. Surdité du chiot. Ce test négatif est utile pour le dépistage précoce de la surdité chez le dalmatien et le dogue argentin, entre autres races sensibles.
- Réflexe augmenté. Le sursaut est très violent. Le chiot retombe souvent sur le côté et tremble pendant plusieurs minutes. Ce test positif excessif est caractéristique d'une dépression liée à un détachement précoce.

Conseils

Entre l'âge de 20 et de 25 jours, il est recommandé de :

- tester la vision du chiot ;
- tester son audition et le réflexe de sursaut en claquant des mains au-dessus de sa tête. Le chiot normal sursaute et retombe sur ses pattes. Le chiot anormal ne réagit pas ou sursaute et retombe sur le côté en tremblant. Dans ces deux cas, il faut consulter un vétérinaire.

En compagnie de la mère et de l'éleveur

Entre 3 et 10-14 semaines survient une métamorphose du comportement. En deux mois, le chien vivra l'une des périodes fondamentales de son existence.

Le chiot établit qu'il appartient à l'espèce canine et qu'il peut développer des liens d'attachement avec les humains et avec d'autres animaux. Il acquiert un niveau de tolérance au bruit et aux autres stimulations de l'environnement. L'enrichissement du milieu de développement entraîne une hypertrophie du cerveau et augmente les capacités d'intelligence du chiot. Il apprend à contrôler sa morsure et à éliminer dans des lieux convenables.

S'il a mal vécu cette période essentielle, le chiot développera des pathologies du comportement. Certaines phobies et anxiétés, de même que des malpropretés chroniques, trouvent leur origine dans cette période.

La période de socialisation primaire

Le chien, comme toutes les espèces à développement lent, s'adapte plus par apprentissage que par mutation génétique. Les mutations génétiques sont des processus lents qui nécessitent des générations pour permettre des adaptations. Le chien est une espèce plastique, adaptable. Il peut s'adapter à tous les milieux. Encore faut-il qu'il ait appris à le faire dans son jeune âge.

La période qui commence vers la troisième semaine a été appelée période de socialisation parce qu'elle entraîne l'*acquisition des aptitudes sociales*. Bien sûr, cet apprentissage dure toute la vie. Cependant, pendant sa croissance, le chiot a la capacité d'acquérir très aisément ces compétences au cours d'une période sensible, une période d'habituation. On parle de *socialisation primaire*. On a réservé le nom de socialisation secondaire au processus d'apprentissage qui se déroule avec plus de difficulté après cette période de croissance et d'adaptation. La socialisation primaire est une période complexe. Le chiot doit acquérir :

- une imprégnation sociale des espèces amies ;
- une imprégnation du milieu de vie — homéostasie émotionnelle ;
- les autocontrôles ;
- la communication ;
- les règles de la vie en meute (la hiérarchisation) ;
- le détachement.

Tous ces éléments, dont l'acquisition commence pendant la période de socialisation, ont été étudiés dans des chapitres précédents. Certains d'entre eux restent inachevés une fois la période de socialisation terminée, et leur acquisition se poursuit par la suite.

À 3 semaines

Le tonus musculaire s'ajuste, le sens de l'équilibre s'accentue, les éliminations réflexes disparaissent. Le chiot s'oriente vers les lumières et les sons perçus et réagit violemment à la douleur. La fréquence des contacts maternels décroît, ce qui marque le début du sevrage. Le lait maternel coule d'ailleurs de manière intermittente, et les tétées ne sont plus rythmiques. Le chiot commence à ingérer de la viande prédigérée et inventorie son environnement par l'apprentissage buccal. La mère amorce la punition de ses chiots et les évite quand ils sont trop impertinents. Le chiot se met à grogner et à aboyer. Sa mémoire se développe. La curiosité et l'investigation sont portées à leur paroxysme vers l'âge de 20 ou 23 jours.

À 4 semaines

Le chiot évolue doucement vers les réflexes sensoriels et moteurs adultes. Le réflexe de téter disparaît. Les chiots se reconnaissent par la vue et par l'audition, et ce comportement est en corrélation avec l'émergence du comportement d'approche et d'évitement. Les activités néonatales s'affaiblissent.

L'émergence des nouvelles capacités (par maturation nerveuse) entraîne l'apparition de nouveaux types de comportements. Les réactions de peur se développent fortement à cet âge.

L'EEG (électroencéphalogramme) montre que le cerveau s'approche de l'état adulte, tout comme la vision, quoique la rétine soit faiblement fonctionnelle jusqu'à l'âge de 5 ou 6 semaines. La fixation visuelle apparaît ainsi que les réactions de menace dont elle est partie intégrante (le chien vous fixe dans les yeux sans détourner son regard). La profondeur de champ est maintenant perçue, ainsi que le relief. Le réflexe palpébral était déjà présent à 14 jours.

La mère arrête progressivement de stimuler la région périnéale pour susciter l'élimination et les chiots esquissent des sorties du nid et éliminent de façon autonome. Le contrôle des sphincters est plus assuré. Pendant le nettoyage, les chiots lèvent parfois une patte avant, ce qui, associé au battement de queue et au léchage des lèvres maternelles, est une manière de solliciter l'attention et d'essayer d'obtenir de la nourriture prédigérée que la mère régurgite. Donner la patte est souvent suivi d'un coucher sur le dos, pattes arrière écartées. Ce dernier comportement sera peu à peu renforcé en tant que posture de soumission par le jeu et les interactions avec les autres membres de la meute.

Les premiers jeux de combat entre chiots apparaissent à 4 ou 5 semaines et conduisent à l'établissement d'une hiérarchie (entre jeunes) qui perdurera plusieurs années. Ces jeux sont constitués de mâchonnement mutuel des oreilles, de léchage et de mise en bouche. Une stimulation excessive provoque des plaintes et des mouvements de retrait. Le chiot apprend par le jeu la douleur qu'il peut infliger par ses morsures. Jeux de combat, prises à la nuque et « attaque des proies » font leur apparition en même temps que les vocalisations d'agressivité, les grognements et le retroussement des lèvres.

Les chiots dorment désormais en petits groupes. Vers l'âge de 6 semaines, ils dormiront séparément. Les premiers signes d'activité sexuelle se manifestent, davantage chez les mâles, pendant le jeu : les chiots montent les uns sur les autres, s'étreignent et amorcent des mouvements du bassin. L'émergence de ces signes se produit entre la quatrième et la septième semaine.

 La maturation des nerfs et du système nerveux central s'accentue jusqu'à 5 semaines ; à ce moment les neurones juvéniles ne montrent plus de différence avec ceux des adultes. La réactivité des nerfs était déjà, à 4 semaines, similaire à celle des adultes. Chez l'enfant, un même niveau de maturation est atteint vers l'âge de 2 ans. *On peut donc établir une comparaison entre le chiot de 4 à 6 semaines et l'enfant de 2 ans.* Le contrôle des sphincters est également relativement assuré à ces âges respectifs.

L'expressivité faciale du chiot de 5 semaines contraste avec l'inexpressivité de celui de 3 semaines : ce phénomène est attribuable à l'allongement du museau ainsi qu'au développement et au contrôle de la musculature faciale, qui assure l'élévation des lèvres et la mobilité des oreilles.

Les chiots s'approchent mutuellement de deux manières : tête à tête et tête à région inguinale. Le chiot approché se tient immobile, comme il le faisait lorsque sa mère lui lavait cette zone corporelle. Cette approche inguinale persiste pour devenir un modèle invariable dans la vie adulte.

Les chiots se promènent en se suivant les uns les autres, tenant de petits objets en bouche : ce sont les premiers signes d'activité groupée. Un bruit soudain fait fuir le groupe entier.

À cet âge, les chiots choisissent un lieu précis pour l'élimination à une certaine distance du nid et s'y tiennent avec beaucoup de constance.

À 5 et 6 semaines

La période sensible de socialisation primaire atteint un sommet à cet âge pour se terminer vers 12 semaines. De façon similaire, le développement des aires cérébrales est rapide jusqu'à 6 semaines, et les caractéristiques morphologiques adultes font leur apparition.

Avec le développement de ses capacités motrices, visuelles et auditives, le chiot est apte à interagir avec ses compagnons d'âge, à tisser des relations sociales primaires et à offrir des réponses émotionnelles positives et négatives.

Bagarre de deux chiots husky de 6 semaines.

Entre 5 et 7 semaines apparaît le comportement d'approche, donc la possibilité de socialisation à l'homme (et aux autres animaux). Dès l'âge de 12 semaines, le chiot amorcera des comportements d'évitement, ce qui rendra difficile la socialisation. Ces mécanismes innés ont une valeur de survie pour l'espèce sauvage puisqu'ils permettent la socialisation aux membres de la race et inhibent (après 12 semaines) la généralisation de cette réponse sociale à d'autres espèces, assurant la survie face aux prédateurs par des réactions d'évitement, de peur et de fuite.

C'est aussi à 5 semaines et demie que la tétée devient insupportable, la douleur engendrant un comportement d'agression (par irritation) contrôlée de la mère envers ses chiots. La chienne grogne, claque des dents à quelques centimètres de la face des chiots qui désirent téter. Le chiot tente d'apaiser sa mère et prend une position qui active chez elle le réflexe de soins. Il se couche sur le dos, présente son ventre et émet un petit filet d'urine. La mère répond par un léchage, un don de soins. Cette agression est normalement tout à fait maîtrisée mais, parfois, un chiot se fait pincer (et déchirer) les oreilles.

Ce type d'agression facilite le sevrage, qui s'accompagne d'une hiérarchisation, d'un respect de l'autorité parentale et d'un apaisement dans l'approche du congénère adulte.

C'est également à cet âge que les chiots apprennent à partager la nourriture.

Dans la nature, la mère mâche de la viande, la déglutit puis la régurgite pour ses chiots. Ces derniers présentent un comportement particulier : ils se dressent sur leurs pattes arrière, tendent une patte avant, et mordillent avec délicatesse le coin des babines maternelles. À ce signe, la mère fait un effort de régurgitation. Dès qu'elle ouvre la gueule, le chiot y engouffre la sienne pour se saisir de l'aliment.

Lorsque le chiot est âgé de 10 à 16 semaines, la nourriture régurgitée se fait rare, mais il continue à mordiller les babines de sa mère et des autres adultes. Ce comportement lui permet de s'emparer de parcelles de nourriture des dominants, et de s'échapper pour les manger à l'écart. Les chiots se disputent ces quelques morceaux, et le plus dominant l'emporte. Ainsi s'établit une hiérarchie entre chiots, séparée de celle des adultes. Cette hiérarchisation débute dès l'âge de 5 semaines et se termine entre 15 semaines et 1 an.

Dans un élevage, on donne aux chiots des aliments spéciaux aisément assimilables, d'origine commerciale ou cuisinés maison, à base de bouillie de viande, de légumes et de céréales. Si on leur offre de la viande ou des os, les chiots se disputent, grognent, s'arrachent les morceaux et courent les uns après les autres. La mère les laisse faire. Elle autorise ses rejetons à venir se servir dans son plat et ce, jusqu'à ce qu'ils aient environ de 10 à 16 semaines.

L'isolement nocturne du chiot nouvellement adopté provoque des miaulements, des jappements, des hurlements qui révèlent sa détresse émotionnelle. Cependant, loin d'être négatif, ce processus accélère la socialisation aux nouveaux propriétaires et assure un attachement plus rapide aux humains.

À cet âge, le chiot s'attache à tout animal ou tout individu avec lequel il entre en contact pour un certain temps, que l'expérience émotionnelle ressentie (du moins avant 7 semaines) soit négative ou positive. Il ne faut toutefois pas généraliser ce phénomène à d'autres périodes d'âge. En effet, si le chiot est âgé de plus de 8 à 10 semaines, des punitions pourraient provoquer un état de peur.

De 3 à 7-8 semaines
Quelques conseils

Le chiot voit, entend, se déplace aisément et joue à se battre. Il teste ses moyens de communication, miaule, jappe, grogne et aboie. Il s'attache à sa mère et éprouve de la détresse en son absence. Ses dents de lait rendent la tétée douloureuse pour la mère, qui tend à s'écarter de sa portée (c'est le tout début du détachement).

 Le chiot apprend progressivement qu'il appartient à l'espèce canine. Pour cela, il doit vivre avec des chiens.

 Le chiot apprend quelles sont les espèces amies. Pour cela, il doit vivre avec des gens de différents types (hommes, femmes, enfants, Blancs, Noirs, etc.) et avec d'autres animaux, par exemple des chats.

 Le chiot apprend à contrôler ses mâchoires. Au cours des bagarres, si la morsure est trop forte et qu'elle fait crier le chiot mordu, la mère vient punir le coupable.

 Le chiot élimine spontanément et recherche des endroits routiniers. Il faut lui fournir une toilette accessible et adéquate (bac à sable, à gravier, à copeaux de bois…) séparée de l'endroit de couchage et d'alimentation par une distance de 50 cm (à 4 semaines) à plus d'un mètre (à 7 semaines).

Le chiot met en mémoire des références de milieu de vie, d'environnement. Pour cela, il doit vivre dans un environnement de plus en plus riche qui stimulera la vue, l'audition et l'activité motrice. C'est le rôle de la pièce d'éveil.

La pièce d'éveil et d'enrichissement psychomoteur

Nous en avons parlé dans le chapitre traitant de l'imprégnation du biotope. La pièce d'éveil est une pièce de jeu équipée de jouets d'enfant colorés, mobiles et bruyants, d'une installation sonore permettant de produire une variété de sons (parmi lesquels des sonorités explosives), de tapis de textures différentes pour la stimulation tactile. Elle comporte aussi un lieu d'élimination adéquat.

La pièce d'éveil peut aussi être la pièce d'occupation, de couchage et d'alimentation. L'accès à un jardin, à un environnement extérieur riche en stimulations est un facteur favorable.

Chiot husky jouant avec un jouet d'enfant.

Les premiers conditionnements

On fait ici allusion au développement de réflexes appris. Ces conditionnements, qui se rapportent à l'alimentation et à l'élimination, seront étudiés dans le chapitre suivant.

Les premiers conditionnements
La propreté

Le conditionnement classique

 Le *conditionnement* est une association — inconsciente — entre un acte ou une activité physiologique (saliver, éliminer…) et un stimulus quelconque.

Au début des années 1900, Pavlov a mis en évidence les mécanismes du conditionnement. Il a remarqué que les chiens du laboratoire, qui attendaient pour manger, se mettaient à saliver à l'audition d'une sonnerie qui précédait de peu leur repas. Le mécanisme peut être découpé de la façon suivante :

	Présentation du repas	→	salivation
sonnerie	Présentation du repas	→	salivation
sonnerie		→	salivation

La sonnerie est un indice qui permet aux chiens de prévoir que le repas va leur être distribué. Cet indice engendre toutes les réactions physiologiques préparatoires à la digestion du repas, entre autres la salivation.

Le *conditionnement* est à la base de nombreux procédés éducatifs mais aussi de processus spontanés et de troubles comportementaux liés à des préférences acquises. Pour que cet indice soit efficace, il n'est pas nécessaire que le chien en soit conscient.

Les éliminations, les excrétions

À la naissance, les éliminations urinaires et fécales sont déclenchées par le léchage du périnée (la région anogénitale) par la mère. Les éliminations sont réflexes. Vers 2 ou 3 semaines, elles deviennent spontanées. Dès 3 semaines, le chiot sort du nid pour éliminer (propreté du nid).

Puis à 8 semaines, les lieux d'élimination, établis à une certaine distance des lieux de couchage et d'alimentation, sont devenus spécifiques et préférentiels. Cette préférence se confirmera dans les semaines suivantes. À 15 semaines, cette préférence est quasi définitive.

Le comportement d'élimination est précédé d'une déambulation le nez au sol à la recherche des odeurs des éliminations précédentes ; la découverte des odeurs active le réflexe d'élimination. Il s'agit d'un véritable conditionnement. En effet, vers l'âge de 8 semaines, le chiot associe les lieux et les surfaces avec le comportement excrétoire : désormais, la vue ou l'odeur de ces endroits de toilette déclenchent le besoin d'éliminer. Cette évolution est modélisée dans le tableau suivant.

Le chiot élimine toutes les heures durant la journée et toutes les trois ou quatre heures durant la nuit. S'il ne dispose pas de beaucoup d'espace et ne peut retrouver un lieu d'élimination adéquat, le chiot de plus de 4 ou 5 semaines tentera de contrôler ses sphincters et se retiendra pour ne pas souiller les lieux de couchage.

C'est donc déjà chez l'éleveur que se développe la préférence pour le substrat et le lieu d'élimination. Chez un chiot adopté à l'âge de 7 ou 8 semaines, c'est chez l'acquéreur que ces choix se confirmeront.

Évolution de la séquence d'élimination : du réflexe biologique au conditionnement

De 3 à 5 semaines	Après 4 semaines	Après 8 semaines
Réflexe spontané	Séquence complète	Séquence conditionnée
Pression dans la vessie	Pression dans la vessie	—
Agitation	Agitation	—
—	Déambulation nez au sol	—
—	Découverte d'odeurs d'éliminations précédentes	Découverte d'odeurs d'éliminations précédentes
Prise de la position accroupie	Prise de la position accroupie	Prise de la position accroupie
Élimination	Élimination	Élimination
Soulagement	Soulagement	Soulagement
Éloignement du lieu d'élimination	Éloignement du lieu d'élimination	Éloignement du lieu d'élimination
Retour au nid, jeux, etc.	Retour au nid, jeux, etc.	Retour au nid, jeux, etc.

La propreté

L'exigence de propreté sera d'autant plus grande que le chien sera acheté par monsieur et imposé à madame, encore statistiquement responsable des travaux ménagers. Vos talents d'éducateur ne seront pas mis à trop rude épreuve. En effet, la plupart des chiens sont très vite entraînés à la propreté, indépendamment des efforts de leur maître, tout simplement parce qu'il s'agit d'un besoin inné.

La tendance à laisser le nid propre est innée. Le chiot ne se souillera que si sa vessie est faible ou irritée (incontinence et cystite) ou en cas de trouble comportemental sérieux (dépression). L'animal apprend à se retenir et à contrôler les sphincters du rectum et de la vessie de manière progressive. Mais s'il laisse le nid propre, il n'est pas évident pour lui que le salon et les chambres ne soient pas des pièces idéales pour éliminer. Il convient donc de limiter au début l'espace alloué au chiot pour qu'il l'assimile à son nid et d'élargir graduellement cet espace de telle sorte que, rapidement, la maison entière soit considérée comme sa tanière et laissée de ce fait sans souillure.

 ## Comment procède-t-on pour apprendre au chiot à ne pas éliminer dans la maison ?

Voici la procédure la plus facile.

1. Déterminer un ou plusieurs lieux adéquats d'élimination, éloignés (un mètre au minimum) des lieux de couchage et d'alimentation ; les toilettes du chiot doivent être aisément accessibles.
2. Choisir un substrat convenable et absorbant ; un grand bac à litière (comme ceux dont on se sert pour les chats, mais adapté à la taille du chiot) peut très bien faire l'affaire.
3. Limiter l'espace dont peut disposer le chiot laissé sans surveillance ; son espace sera circonscrit au lieu de couchage, au lieu d'alimentation et au lieu d'élimination.
4. Quand le chiot est sous la surveillance des propriétaires, être attentif à la recherche du lieu d'élimination et, au moindre signe suspect, y mener le chiot. Le récompenser après qu'il y a éliminé.
5. Si le chiot élimine dans un lieu inconvenant, interrompre l'élimination en portant le chiot et en le conduisant à ses « toilettes ». Inutile de se fâcher. La colère n'est pas éducative.
6. Dès l'âge de 8 semaines, et malgré l'utilisation de toilettes à la maison, le chiot doit apprendre à utiliser les caniveaux, la terre ou la pelouse des jardins. Cet apprentissage doit être réalisé avant l'âge de 15 semaines.

7. Sortir le chiot une ou deux fois pendant la nuit, durant quelques semaines. Ne pas lui demander de se retenir plus de six heures d'affilée.
8. Toujours sortir le chiot par le même endroit, la même porte. Ne le sortir pour jouer ou se promener qu'après qu'il a éliminé, sans quoi il demandera constamment à sortir pour toutes sortes de raisons.
9. Ne pas l'encourager à aboyer pour demander à sortir : l'aboiement n'est pas significatif et peut conduire à d'autres habitudes indésirables. Le chiot qui souhaite sortir devra se mettre devant la porte (toujours la même, conservez le rituel) et gémir, miauler, en grattant avec la patte avant. Encourager ce comportement en le récompensant.

Cette technique est simple et efficace. On peut l'appliquer tant dans un appartement que dans une maison avec jardin. Elle permet d'éviter les drames de la malpropreté, source d'insatisfactions et de rejet du chiot.

Que se passe-t-il si on fournit au chiot du papier journal pour éliminer ?

Le papier journal est peu absorbant ; il laisse filtrer des odeurs et échapper des salissures sur le sol, qui s'imprègne de ces odeurs caractéristiques. Le chiot se conditionne au lieu d'élimination et, chaque fois qu'il y passe, l'odeur active le réflexe d'excrétion.

Une fois passé l'âge de 15 semaines et malgré l'enlèvement des journaux et les tentatives de lui montrer à éliminer dehors, le chiot se retient tant qu'il peut, malgré des heures de promenade, pour se soulager à la maison. Les propriétaires ont tout simplement conditionné le chien, bien involontairement, à utiliser des « toilettes » dans la maison. Et le chien s'y tient !

Si le chiot ne peut pas être amené dehors fréquemment, on peut lui apprendre à éliminer sur des journaux. Voici la procédure la plus simple :
1. Empilez du papier journal sur un plastique ou dans une petite caisse basse pour en faire les lieux d'aisances du chiot.

2. La pile de journaux (désormais ses toilettes) doit être située à une distance respectable de la couche et de l'endroit où le chien mange.

3. Entraînez le chiot à éliminer sur les journaux de la même façon que vous l'auriez fait pour des toilettes situées à l'extérieur.

4. Quand vous changez les feuilles de papier journal, celles du dessous doivent être placées au-dessus de la pile pour évoquer, par l'odeur des phéromones, la réitération de l'élimination.

5. N'autorisez au chiot l'accès à toute la maison que lorsqu'il élimine sans faute sur les journaux, et faites-le progressivement.

6. Les papiers peuvent être déplacés graduellement vers la porte puis déposés à l'extérieur pour habituer le chien à éliminer dehors, par approximations successives.

Cette manière de faire vous permet peut-être de dormir la nuit, mais elle ralentit l'apprentissage de la propreté.

Garder le chiot dans sa chambre active-t-il l'apprentissage de la propreté ?

Oui. Cela permet :
- de limiter l'espace dont peut disposer le chiot ;
- de l'entendre gémir la nuit lorsque lui vient le besoin d'excréter ou d'uriner, ce qui nécessite de se lever et de le conduire à ses « toilettes ».

Combien de fois faut-il sortir le chiot pour qu'il puisse « faire ses besoins » ?

Vers l'âge de 8 semaines, il faut compter en moyenne une sortie toutes les heures durant la journée. Cela signifie que l'on doit sortir le chiot à son réveil, après les jeux, après les repas, et aussi quand il se met à rechercher son lieu d'élimination en reniflant incessamment par terre.

La capacité de rétention d'un chiot ne dépasse pas une heure à l'âge de 8 semaines. La nuit, cependant, il est capable de se retenir pendant deux ou trois heures.

Faut-il à tout prix punir ?

Un des mythes les plus courants au sujet de la propreté est qu'il faille à tout prix punir les erreurs du chiot. « Quand il est sale, docteur, je lui mets le nez dedans et je lui donne une bonne claque sur les fesses avec le journal. » Ce chiot de 2 ou 3 mois correspond à un enfant d'environ 3 ans. Lorsque votre enfant s'oublie, dites-vous au pédiatre : « Quand il est sale, docteur, je lui mets le nez dedans et je lui donne une bonne fessée » ? Ici, un peu d'anthropomorphisme vous permet de savoir s'il est approprié de donner la fessée à un chiot.

La punition contribue de façon très minime à accélérer l'apprentissage de la propreté chez le chiot, sauf quand elle est infligée au moment même de l'acte et, si possible, de manière indirecte. Quand elle est efficace, c'est probablement parce qu'elle crée un état d'anxiété conditionnée, liée aux lieux de souillure dans la maison.

Si vous tenez à cette méthode d'éducation, voici une procédure possible :

1. Dès que vous voyez le chiot se mettre en position, élevez la voix immédiatement pour le distraire et, si c'est inefficace, jetez à proximité — et non sur lui — votre chaussure, un magazine ou quelque objet bruyant et incassable.

2. Vous pouvez aussi grogner contre le chiot, mais sans colère, et dire « non » d'une voix normale mais affirmée.

3. Conduisez-le tout de suite à l'endroit choisi pour les éliminations.
Prenez-le en flagrant délit et indiquez-lui le comportement approprié. Quand il s'exécute correctement, n'oubliez pas de le récompenser.

Conseils en vrac

1. Régularisez les repas. Cela normalise le fonctionnement de l'intestin, ce qui vous permet d'anticiper les moments de défécation. Donnez au chiot amplement le temps

de manger (une dizaine de minutes), toujours à heures fixes (et aussi souvent qu'il en a besoin en fonction de son âge), sans trop modifier son régime. Sortez-le après le repas et attendez qu'il élimine.

2. Utilisez le même horaire en semaine et le week-end. Comment voulez-vous régulariser un système aussi délicat que celui qui ordonne la vessie et l'intestin en bouleversant continuellement les horaires nutritionnels et d'activité du chien?

3. Supprimez les petits en-cas et ne donnez rien à manger entre les repas.

4. En cas d'absence prolongée (c'est fréquent en semaine), ne laissez pas de nourriture et d'eau à la disposition permanente du chiot. Dans les cas extrêmes, ne le laissez boire qu'au moment des repas.

5. Pendant la nuit ou lors de vos absences, confinez le chiot à un lieu où il ne peut rien détruire (cage, chenil, cuisine), mais seulement après qu'il a éliminé et pour des périodes de trois heures au maximum (au début).

6. Quand il y a souillure accidentelle, vous devez désodoriser l'endroit (masquer les odeurs urinaires) pour empêcher le chiot de réutiliser les mêmes lieux. En l'absence du chiot, lavez et imprégnez l'endroit d'une odeur nouvelle et désodorisante; de l'alcool vendu en pharmacie, un déodorant ou du vinaigre blanc (acide acétique) dilué feront très bien l'affaire.

Miction de soumission ou l'élimination émotionnelle

Le chiot nouveau-né urine quand sa mère lui lèche les régions périnéales. Plus tard, à 3 ou 4 semaines, le chiot associe sa position couchée, lorsqu'il urine, au statut dominant de sa mère. Faire pipi est donc devenu un symbole de jeunesse, de faiblesse, de soumission.

La miction involontaire relève d'un mécanisme réflexe et inconscient chez un chiot sensible qui réagit ainsi à une situation de tension émotionnelle plaisante (le retour des maîtres) ou déplaisante (dominance, punitions).

Si la miction involontaire est causée par l'excitation ou la joie de voir ses maîtres ou d'autres personnes:

- Ignorez le chiot pendant quelques minutes — soyez totalement indifférent — au lieu de lui réserver un accueil trop chaleureux chaque fois que l'élimination émotionnelle risque de survenir. Ne le repoussez pas. Essayez simplement de ne rien communiquer.

Si elle est davantage due à une sensibilité extrême à la dominance des maîtres :

- Accroupissez-vous pour saluer le chien (la position debout est dominante).
- Caressez-le, main ouverte, paume vers le haut, sur le bas du cou et du thorax (les caresses sur la nuque, la tête et le dos sont dominantes).
- Ne vous fâchez jamais de ce réflexe involontaire qu'est la miction de soumission (la punition induit de la peur et une tentative d'apaisement par le chiot).
- Parlez à voix douce (une voix forte et grave est dominante).
- Restez indifférent, éloignez-vous du chiot : s'il vous suit, il doit interrompre sa miction ; félicitez-le d'avoir arrêté.

Cette réaction émotionnelle peut se dérouler en cas de peur et s'accompagner d'une émission de selles et d'une vidange des glandes anales. Les vétérinaires sont accoutumés à ces situations lorsqu'un chien particulièrement peureux est porté sur la table d'examen. L'élévation, en laissant le chien sans appui, le place dans une position de soumission totale au manipulateur, et le soumet à une contrainte dont il ne peut s'échapper.

Quitter la mère et découvrir la famille d'accueil

C'est généralement entre 7 et 12 semaines que le chiot quitte sa mère pour être adopté. C'est la suite et la fin de la période sensible qui lui permet de tout connaître du monde.

La découverte d'un nouvel univers

L'acquéreur, le propriétaire, est confronté avec une nouvelle période fondamentale dans la vie du chiot, période au cours de laquelle il s'installera dans la famille et la société humaine de façon harmonieuse ou catastrophique. Le jeune chien devra alors :

- se détacher de sa mère ;
- s'attacher à ses nouveaux maîtres ;
- entrer dans la hiérarchie ;
- subir les premières instructions et apprendre à obéir à des ordres élémentaires.

Avant 4 mois le chiot doit avoir acquis :

- le rituel de soumission sur le dos ;
- le rituel d'apaisement par élévation de la patte et mordillement des lèvres ;
- une place dans la hiérarchie des jeunes ;
- une reconnaissance de l'autorité de la mère ;
- une reconnaissance de l'autorité des adultes ;

- un début de détachement affectif par rapport à la mère ;
- un attachement social aux autres jeunes du groupe.

Éduquer, mais comment ?

Comment les propriétaires d'un chien s'y prendront-ils pour respecter ces contraintes, pour apprendre au chiot tous les comportements indispensables au bon fonctionnement de la famille-meute ? C'est une part importante de l'éducation.

Comme le chiot considère les humains autant comme des parents adoptifs que comme des frères et des sœurs (collatéraux), il suffira aux propriétaires de reproduire le comportement de la mère, des autres chiens adultes et des autres chiots.

Enseigner les rituels de la hiérarchie

Si le chiot n'a pas acquis les rituels de soumission et d'apaisement, il faudra les lui enseigner. Il conviendra aussi de ne pas le laisser exprimer des velléités de dominance et d'agressivité.

La position couchée sur le dos est une soumission en cas de conflit.

Le rituel de soumission

 Si le chiot ne l'adopte pas spontanément, il faut le forcer au coucher, le basculer sur le flanc, le maintenir dans cette position en « grognant » comme le ferait un chien adulte, ou en lui tenant la peau de la nuque à pleine main et en le plaquant au sol, tout en disant « non » s'il se débat. Il faut le maintenir ainsi jusqu'à ce qu'il se calme, sans se fâcher, sans rien dire. Ce rituel permet la reconnaissance de l'autorité des adultes.

Le rituel d'apaisement

On le retrouve notamment dans le « donner la patte » du chien. Le chien présente une patte avant. Beaucoup de propriétaires interprètent ce geste comme une « demande » et récompensent l'animal d'un biscuit. Ils pensent ensuite qu'ils ont appris au chien à donner la patte, alors que c'est sans doute le chien qui leur a appris à donner un biscuit. Mais alors, ce n'est plus un apaisement.

Pour que ce soit un apaisement, il faut que le chien vienne spontanément donner la patte, la tête inclinée, la face lisse, la posture légèrement accroupie. Donner la patte n'est pas obligatoire, le reste de la posture est suffisant. Le chien vient apaiser son maître qui est irrité. Le chien dominé vient ainsi faire un accueil au maître dominant.

Pour lui apprendre ce rituel, il faut être totalement indifférent au chien — au moment de l'accueil ou en cas d'irritation — et ne lui donner de l'attention que lorsqu'il adopte cette posture.

La hiérarchisation entre collatéraux

Elle s'acquiert par conflits pour une nourriture appétissante (os à moelle). Le chiot qui l'emporte régulièrement devient dominant dans ce contexte. Si le chiot grogne et veut mordre, ce qui est normal, il ne faut pas lui céder l'os mais l'emporter (quitte à le lui rendre plus tard, après l'expression d'un rituel d'apaisement). On doit punir l'agression du chiot en lui disant « non » et en lui faisant adopter la position de soumission.

Le début du détachement entre le parent adoptif (propriétaire) et le chiot

Imitez la chienne qui s'éloigne activement de ses chiots, ne leur permettant pas de s'accrocher sans arrêt à ses basques, activant ainsi leur autonomie. Si ce processus n'est pas respecté, le chiot développera de l'hyperattachement et une intolérance à la solitude.

De 7-8 semaines à 3 mois
Conseils pratiques

Le chiot, correctement vacciné, doit sortir dans tous les milieux qu'il rencontrera une fois parvenu à l'âge adulte. Le comportement de chasse étant inhibé par l'amitié, des jeux ou des rencontres avec divers animaux sont fortement conseillés. On recommande d'offrir au chiot, *de façon répétée*:

- un séjour de plusieurs heures par jour dans la pièce d'éveil;
- une promenade dans une rue calme, puis dans une autre plus bruyante et animée;
- la visite d'un marché public, d'une braderie;
- la visite d'une gare;
- le déplacement en voiture et en transport en commun;
- la rencontre de personnes de nombreux types différents;
- la rencontre avec des chiots et des chiens adultes de races différentes;
- la rencontre assidue avec d'autres espèces animales: chats, volailles, animaux de ferme.

Le chiot doit être testé pour:
- l'inhibition de la morsure: il doit arrêter de mordre si la personne ou le chiot mordu crie. Si ce n'est pas le cas, il faut le punir par un pincement au niveau du cou, de la joue ou de l'oreille (jusqu'à ce qu'il pousse un cri);
- la capacité d'adopter une position de soumission (couché sur le ventre ou le dos, immobile) ou d'apaisement (approche, tête penchée) en cas de conflit avec — ou de punition par — un adulte.

Si le chiot est adopté pendant cette période, il faut:

- faciliter son attachement à un membre de la famille;
- déposer un vêtement (non lavé) de cette personne dans son lieu de couchage;
- favoriser sa prise en charge par cette personne;
- lui apprendre la maîtrise de ses mouvements: lui imposer des moments d'arrêt au cours des jeux, lui interdire les jeux de traction avec les objets et les tissus, lui interdire de mordre les personnes.

De 3 mois à 4 mois
Conseils pratiques

Au moment des rappels de vaccination, il serait bon de tester le chiot sur les différents points énumérés plus haut:

- acquisition de la posture de soumission;
- acquisition du contrôle de la morsure et de la motricité;
- absence de peur lors de sorties dans le milieu extérieur;
- absence de peur lors de la rencontre de personnes inconnues, et surtout les enfants;
- proposition de jeux avec les — et absence de peur des — autres chiens;
- proposition de jeux avec les — et absence de peur des — autres animaux avec qui il doit vivre socialement.

Si le chiot est craintif, hyperactif et a tendance à mordre il faut proposer une consultation chez un vétérinaire comportementaliste. Il est recommandé de ne pas tarder à faire le nécessaire pour habituer le chiot au milieu, car la période sensible est pratiquement terminée.

Dans le cas d'un chiot que l'on adopte à l'âge de 3 mois ou plus, il faut éviter l'attachement à un seul membre de la famille et favoriser un détachement direct.

- Tout le monde s'occupe du chiot.
- On interdit au chiot de suivre une seule personne ou de privilégier les contacts avec cette personne.

- On éloigne le lieu de couchage du chiot de celui de ses maîtres.
- Les caresses ne sont données qu'à l'initiative des maîtres.
- À cet âge, le chiot peut entrer dans des « classes chiot » de jeu, de socialisation, de rencontres et de psychomotricité.

L'adoption d'un chiot

Si l'on comprend bien les étapes du développement du chiot et si on les respecte, on n'aura guère de difficulté à l'insérer dans un groupe familial comprenant des humains et des chiens. L'insertion est une étape de l'adoption qui se situe entre le choix d'un chiot et son éducation.

L'achat

L'achat d'un chiot est une transaction commerciale qui devrait être accompagnée de tous les documents nécessaires. Une attestation de vente, en deux exemplaires, signée par le vendeur et l'acheteur, qui mentionne l'identité des deux parties, l'identité et la date de naissance du chien, le prix d'achat et les garanties. Une garantie contre la maladie de Carré, la parvovirose, et contre le syndrome de privation constitue un minimum. Ces garanties doivent s'ajouter aux garanties légales contre les vices rédhibitoires: la maladie de Carré, la parvovirose, l'hépatite contagieuse, la dysplasie coxo-fémorale, la dysplasie du coude, l'ectopie testiculaire, l'atrophie rétinienne et la surdité héréditaire sont soumises à une garantie légale dans certains pays. Demandez à votre vétérinaire, ou au club de la race, un exemple de contrat type. N'hésitez pas à exiger des garanties personnalisées, comme une garantie contre l'apparition de pathologies comportementales fortement liées à l'hérédité: les variations d'humeur (dysthymie) du cocker spaniel et d'autres races, les états dissociatifs (par exemple le tournis) du berger allemand et du bull terrier, etc. Renseignez-vous auparavant sur la race auprès d'un vétérinaire comportementaliste, lisez un des livres de la collection «Mon chien de compagnie» (Le Jour, éditeur).

Le **certificat de naissance,** document officiel (délivré en France) par lequel le chiot est reconnu comme inscrit provisoirement au livre des origines, et donc issu de parents possédant tous deux un pedigree. En Belgique, le pedigree est délivré quelques mois après l'acquisition sans confirmation ultérieure.

Un **carnet de vaccination** mentionnant les vaccins inoculés, contresigné par un vétérinaire.

Un **numéro de tatouage** (celui-ci sera examiné), ou un autre procédé d'identification, comme une **puce électronique** (transpondeur) — facile à placer par une injection sous la peau du cou, à gauche — qui sera lue avec un lecteur adéquat.

Choisir un chiot

Beaucoup de gens choisissent un chiot sans effectuer le moindre test, confiant au hasard, au destin, au premier contact ou à une émotion passagère la responsabilité de leur bonheur futur. Le chiot deviendra-t-il un chien équilibré, peureux, agressif, dépressif, nerveux ?

On a longtemps pensé que tous les chiots étaient identiques s'ils avaient la même génétique et les mêmes parents, et que l'éducation et l'amour du maître suffisaient à en faire de merveilleux compagnons. On a culpabilisé quantité de propriétaires de chiens agressifs ou anxieux. À tort ! Chaque chiot a sa personnalité propre, qui découle partiellement de sa génétique, mais aussi de l'environnement utérin, des premières relations avec la mère et de l'éducation. S'engager pour 10 à 15 ans de vie commune nécessite de prendre quelques précautions !

Différents tests ont été mis au point pour aider à choisir un chiot qui s'intégrera harmonieusement dans la famille de ses propriétaires-parents adoptifs et qui s'acquittera du travail que l'on attend de lui, que ce soit en tant que chien de compagnie, chien de garde ou pour l'assistance aux personnes handicapées. Plus le chiot est âgé, plus sa personnalité est affirmée. N'oubliez pas les étapes critiques suivantes :

• 6 semaines : identification à l'espèce encore insuffisante ;
• 5-8 semaines : acquisition des rituels de soumission et d'apaisement ;
• 8 semaines : conditionnement aux lieux d'élimination ;
• 12 semaines : fin de la socialisation à l'homme et aux autres animaux ;

- 10-14 semaines : fin de la période de régulation émotionnelle et d'adaptation à l'environnement ;
- 15 semaines : hiérarchisation entre chiots.

Il n'y a pas de test définitif

Aucun test n'est parfait. Très peu de tests ont été validés scientifiquement par une évaluation chiffrée et statistiquement démontrée après six mois, un an ou deux ans. Il est impossible de prévoir le statut social et hiérarchique du chien adulte en analysant quelques paramètres chez le chiot, surtout s'il n'est âgé que de 7 ou 8 semaines.

Tous les tests proposés sont indicatifs ; aucun n'est définitif. Personne ne pourrait réaliser une expertise en se fondant sur ces tests.

À quel âge faut-il adopter un chiot ?

Je recommande d'adopter un chiot âgé entre 7 et 8 semaines parce qu'il a normalement acquis une identification à l'espèce ainsi que les rituels de soumission et d'apaisement au contact de sa mère, et qu'il a amorcé le travail de hiérarchisation dans ses rapports avec les autres chiots et le travail de détachement par rapport à la mère. Sa personnalité est déjà bien formée et il lui reste de quatre à six semaines pour s'adapter au mieux à son nouvel environnement.

Je ne conseille à personne de prendre un chiot âgé de moins de 6 semaines. Si le milieu d'élevage enrichit le chiot (socialisation aux gens, habituation aux bruits, etc.), un âge supérieur à 8 semaines est tout à fait acceptable. Cependant, il n'est pas conseillé de prendre un chien de plus de 3 mois dans un élevage en milieu calme et sans enrichissement s'il doit habiter en ville par la suite !

Quelques informations sur l'entourage du chiot

Vous trouverez ci-après une série d'éléments qui influent sur le comportement actuel et futur du chiot. Vous n'aurez sans doute pas la possibilité d'évaluer tous ces éléments lorsque vous choisirez votre chien, mais qu'importe? Vous prendrez votre décision en mettant toutes les chances de votre côté. Les éléments qu'il vous faut prendre en considération sont les suivants :

- la sélection de l'éleveur ;
- l'observation de l'élevage ;
- l'observation de la mère ;
- l'observation du père.

La sélection de l'éleveur

Vous devrez rechercher chez l'éleveur les qualités suivantes (cette liste n'est pas exhaustive) :

- Il tente d'aider l'acquéreur à déterminer si la race choisie constitue un choix adéquat.
- Il sélectionne l'acquéreur en fonction de critères d'environnement, de socialisation, de système familial, de coopération…
- Il tente d'évaluer les connaissances de l'acquéreur en matière de comportement du chien, de soins, etc.
- Il envisage la coopération de l'acquéreur pour l'informer de tout trouble comportemental et physique observé afin de procéder à une sélection éclairée des géniteurs.
- Il évalue et sélectionne chaque chiot afin de proposer une intégration optimale dans la famille d'accueil.
- Il encourage l'acquéreur à exprimer ses désirs et il l'écoute, le conseille, le déconseille, voire lui refuse la vente d'un chiot.
- Il assure le suivi de tous les chiots qu'il a vendus.

L'évaluation de l'élevage

Cinq critères principaux entrent en ligne de compte dans l'évaluation d'un élevage. À chacun peut être attribuée une note de 0, 1 ou 2. Le total des points pour les cinq critères se monte à un maximum de 10. L'élevage est-il évalué à 0, à 5 ou à 10 sur 10? Plus le total est proche de 10, plus le chiot a des chances d'avoir une socialisation correcte.

	CRITÈRE	VALEUR
1.	La propreté du chenil. Le souci d'une bonne hygiène dénote l'intérêt et l'amour des éleveurs pour les chiens.	
	Chenil très propre	2
	Chenil moyennement propre	1
	Chenil sale, mal entretenu	0
2.	L'emplacement du chenil par rapport à l'habitation. Idéalement, les chiots sont élevés dans la maison, au sein de la famille. Plus le chenil est isolé de l'habitation, moins les chiots ont de contacts sociaux avec les éleveurs.	
	Chiots élevés dans la maison, dans la cuisine, au milieu des gens	2
	Chiots élevés à l'écart, ayant peu de contacts avec les éleveurs	0
	Chiots élevés dans une annexe, ayant des contacts médiocres avec les éleveurs	1
3.	Le nombre et le sexe des personnes qui s'occupent des chiots. Plus ce nombre est élevé et plus les types humains sont diversifiés, plus les chiots seront socialisés à l'espèce humaine en général.	
	Le chiot est en contact avec des hommes, des femmes et des enfants qui le touchent	2
	Le chiot est en contact avec un seul type humain	0
	Le chiot est en contact avec au moins deux types humains : homme et femme, homme et enfant, femme et enfant, etc.	1
4.	La douceur dans les manipulations. On voit rapidement si l'éleveur prend soin avec amour des chiots ou si c'est pour lui une simple activité professionnelle. N'oublions pas que le chiot se nourrit d'amour autant que de compétence.	
	Manipulations délicates, douces, sans crier	2
	Manipulations indifférentes	1
	Manipulations dures, rudes, en criant contre les chiots ou les autres chiens	0

5.	La présence d'une pièce d'éveil, c'est-à-dire un endroit réunissant divers instruments d'enrichissement : radio, miroirs, jouets d'enfants colorés et bruyants, textures variées au sol, bruitages et stimuli divers.	
	La pièce d'éveil, ou pièce d'élevage, est propre et bien équipée	2
	La pièce d'élevage renferme quelques jouets	1
	Absence de stimulations quelconques : les chiots sont sur le béton ou le linoléum, sans jouets, sans stimuli.	0
	Total sur	10

Vous aurez constaté que le pedigree, le fait d'avoir des parents champions, n'a rien à voir avec notre petit test. C'est une faiblesse de cette évaluation, sans doute, mais je pense qu'avoir des parents illustres n'est pas un gage de qualité suffisant. Actuellement, on ne dispose pas, pour le chien, comme pour les bovins par exemple, de tests de qualité des parents réalisés à partir de tests faits sur les enfants. La qualité de la descendance reste la seule garantie de la qualité des parents.

L'observation de la mère

La chienne a déjà influencé ses chiots pendant la grossesse. C'est aussi la première éducatrice. Évaluer la mère donne ainsi une première idée du comportement des chiots. Accordez 0, 1 ou 2 points à chacun des critères d'évaluation ci-dessous.

1.	La mère est-elle une chienne de famille ou de chenil ?	
	Famille	2
	Chenil	0
	Un peu des deux	1
2.	La mère a-t-elle participé à des concours ? Si oui, quels ont été ses résultats ? Cela peut être important, selon votre désir d'avoir un chien esthétique (concours de beauté), de famille (obéissance), de sport (*agility*, pistage, rapport, chasse) ou de défense (mordant, défense).	
	Bons résultats	2
	Absence de concours ou mauvais résultats	0

3.	La mère est-elle présente parmi les chiots?	
	Absence	0
	Présence occasionnelle	1
	Présence quasi continue ou à volonté	2
4.	Quelle est l'attitude de la mère : a-t-elle des comportements positifs de curiosité, de sociabilité, de tolérance, de contrôle de soi, ou a-t-elle des comportements négatifs – aboiements excessifs, tentatives d'agression du visiteur, comportements d'évitement et de cachette – indicatifs d'un déséquilibre émotionnel?	
	Mère craintive et asociale	0
	Mère sociable qui se contrôle	2
5.	Comportements envers les chiots.	
	Mère intolérante qui les évite	0
	Mère tolérante et soucieuse de ses chiots	2
6.	Enseignement du rituel de soumission et des autocontrôles. La mère peut être remplacée par un autre chien adulte bon éducateur. Il faut rester longtemps pour observer, sans intervenir, l'adulte apprendre au chiot la posture couchée et le contrôle de ses mouvements. Cela se fait par une morsure contrôlée au cou et à la face – l'adulte se plaçant au-dessus du chiot comme pour l'écraser sous lui. Éventuellement, la mère se contente de grogner contre un chiot, qui rentre alors le cou et se met en position accroupie.	
	Enseignement adéquat	2
	Absence d'enseignement	0
7.	Appréciation subjective de l'ambiance qui règne entre les chiots, leur mère et les éleveurs.	
	Ambiance froide	0
	Ambiance chaleureuse	2
	Total sur	10

Faites le total. Quel score la mère a-t-elle obtenu?

L'observation du père

Le tempérament est en partie héréditaire. Ainsi, le tempérament du père peut influer sur celui de ses chiots. Lorsqu'on observe le père, il faut être attentif à la sociabilité, à la tolérance et à l'approche, au contact, aux caresses et à la présence de toute forme d'agressivité. Puisque le père est rarement dans le même élevage que la mère, il est souvent difficile de faire cette évaluation. Si le père a été filmé, le futur acquéreur peut regarder ce film pour s'en faire une idée.

Les multiples critères du choix d'un chiot

Une multitude de critères interviennent dans le choix d'un chiot:
- le sexe;
- l'esthétique;
- les tests de santé: à faire faire de toute façon par un vétérinaire;
- les tests de comportement.

Le choix du sexe

Mâle ou femelle? Une meute de chiens est structurée, hiérarchisée et dirigée par un mâle dominant. C'est un système patriarcal. Les mâles sont souvent plus agressifs que les femelles.

Les hommes et les femmes n'utilisent pas forcément les mêmes moyens de communication, ni entre eux ni avec les animaux. Les hommes entrent plus facilement dans une relation hiérarchique (et dans un conflit musclé), les femmes tentent davantage d'obtenir une relation intime (avec confidences et recherche d'un contact). Ce sont bien entendu des stéréotypes fortement exagérés, mais qui recèlent quelques éléments de vérité. Vous devriez donc choisir votre chien en fonction de votre personnalité et de votre sexe. Chez le chien, on remarque à peu près les mêmes tendances que chez l'être humain. C'est pourquoi je conseille a priori aux femmes et aux personnes moins autoritaires d'opter de préférence pour une femelle.

Le choix de l'esthétique

Couleur de la robe ? Esthétique ? Il vous appartient de choisir. À quoi bon sélectionner le chiot au comportement parfait s'il ne vous plaît pas ? Le coup de cœur est aussi important ! Mais si vous désirez le présenter dans des expositions, l'esthétique constituera un critère fondamental.

Les tests de santé

Faites un examen rapide :
- des yeux : absence de rougeur et d'écoulements ;
- des mâchoires : bonne coaptation des dents ;
- de l'abdomen : pas de hernie à l'ombilic ;
- des organes génitaux : présence des deux testicules chez le mâle ;
- des organes urinaires : le gland du pénis doit être visible sous peine de phimosis ; le chiot ne doit pas laisser échapper des gouttes d'urine de façon involontaire ;
- de la vitalité : le chiot doit être plein de vie, sauf s'il vient de se réveiller ou de manger.

Vous avez, suivant les lois de chaque pays, entre un et quelques jours pour présenter le chiot à un vétérinaire afin de procéder à un examen de contrôle et de déceler les anomalies ou les troubles éventuels. Il est conseillé de le faire rapidement, avant de s'attacher au chiot. Il est plus difficile de rendre à l'éleveur un chiot avec lequel on a déjà créé un lien d'attachement.

Les tests de comportement

Le test comportemental idéal pour la sélection d'un chiot, soit l'immersion en situations réelles, n'existe pas. Il nécessiterait l'accord de l'éleveur pour que l'acquéreur, moyennant garantie, prenne le chiot avec lui pendant un ou deux jours pour le tester partout, dans diverses situations, en ville et à la campagne, en famille et dans la rue, ce qui lui permettrait de déterminer si l'animal se comporte correctement et surtout, s'il est capable d'apprendre, du moins d'apprendre ce que le maître attend de lui. Si vous désirez un chien qui ait du nez, il faut que le chiot montre déjà la tendance à flairer. Si vous recherchez un chien de rapport, il faut qu'il ait tendance à prendre les objets en gueule et à vous les apporter. Si vous désirez un chien ayant du mordant, il faut que ce tempérament soit déjà présent.

Mais puisqu'il est pratiquement impossible de pouvoir procéder de la sorte, voici quelques tests que vous pouvez réaliser vous-même avec facilité.

Idéalement, vous verrez le chiot d'abord au milieu de la portée, ensuite isolé du groupe. S'il vous est présenté séparé de son groupe, vous perdrez énormément de renseignements utiles. Ce serait dommage.

Vous trouverez ci-après un test facile à réaliser. Il ne nécessite aucun outillage particulier : munissez-vous simplement de votre trousseau de clés, d'un foulard que le chiot peut mettre en gueule ou d'une corde à nœuds, et d'une petite balle colorée.

Vous vous dirigerez d'abord vers la portée et réaliserez quelques observations et manipulations. Ensuite, vous isolerez si possible le chiot dans un autre endroit pour poursuivre l'observation.

L'approche de la portée

Approchez-vous de la portée, ou du chiot s'il est isolé, en marchant normalement. Accroupissez-vous à un mètre de lui et émettez des appels à voix douce pour l'encourager à venir vers vous. Comment le chiot se comporte-t-il ?

1. Il est prudent mais curieux et vient vers vous avec une posture décontractée, la queue haute et frétillante : rien à signaler.
2. Il court vers vous et saute sur vous, queue haute et frétillante, et mordille vos chaussures : ce chiot montrera peut-être plus tard des tendances dominantes.
3. Il court vers vous et empêche les autres chiots d'accéder à votre contact : ce chiot aura plus tard tendance à agresser les autres chiens.
4. Il est craintif et reste à distance, s'éloignant à votre approche, se mettant dans un coin, avec une posture basse, la queue basse : risque de phobie ou d'anxiété.
5. Il réagit peu et est inexpressif : risque de dépression et d'absence d'attachement.
6. Il est sans cesse en mouvement, jusqu'à une demi-heure à une heure durant ; il vient vers vous, va ailleurs, semble infatigable : chiot à tendances hyperactives.

Ma préférence irait au numéro :

1   pour un chien de compagnie ;
2   pour un chien sportif et un maître masculin ;
3   pour un chien de garde ou de professionnel ;
4   pour un chien exclusif qui sortira peu et ne s'attachera qu'à quelques personnes ;
5   pour les personnes âgées, pour autant qu'elles recherchent un chien calme mais qu'elles acceptent un chien un petit peu distant ;
6   pour un chien de sport, d'*agility*, un chien qui aura l'occasion de sortir plusieurs heures par jour.

N'hésitez pas à aller voir les chiots plusieurs fois et notez les modifications dans leurs réactions. Si le chiot est fatigué, s'il vient de manger ou, au contraire, s'il est affamé, son comportement peut être différent.

Testez les chiots un après l'autre et recommencez. Le test peut varier en fonction de l'imitation qu'un chiot peut faire des autres. Donnez à chacun des chances égales.

L'ordre hiérarchique dans le groupe de chiots

Tant que vous êtes en présence du groupe de chiots, vous pouvez tenter de déterminer s'il est régi par un ordre hiérarchique. Il vous suffit d'observer quel chiot attaque l'autre, lequel est toujours attaqué et tente de fuir, lequel emporte un biscuit (ou mieux, un os) que vous leur donnez (avec l'accord de l'éleveur).

Vous vous souviendrez que la hiérarchisation pour un aliment ou un objet est de :

- 25 % à l'âge de 5 semaines ;
- 50 % à l'âge de 11 semaines.

Ne vous attendez pas à découvrir une hiérarchisation complète des chiots avec un dominant, un dominé, et tout un enchaînement linéaire de chiots entre les deux.

Si l'un des chiots vous semble commander tous les autres, les agressant, contrôlant leurs déplacements, leur volant jouets et aliments, demandez-vous si vous devez ou non l'acquérir. Ce chiot a beaucoup d'affirmation de soi : il vous en faudra aussi une bonne dose pour le guider et le maîtriser. Ce genre de chien convient peut-être davantage à un propriétaire ou un éducateur qui a du savoir-faire.

Tests sensoriels

1. *Tact, toucher*: caressez et grattez le chiot. Il devrait éprouver le plus grand plaisir. Pincez-lui la peau gentiment et regardez ses dents. Il devrait accepter la manipulation sans cri (attention à l'hypersensibilité à la douleur) et sans agressivité excessive.

2. *Audition*: en cachette du chiot, agitez votre trousseau de clés, froissez un papier, faites claquer vos doigts: cela devrait l'intéresser.
   - L'absence de réaction signale peut-être un problème de surdité ou encore un désintérêt, marque de dépression.
   - Une fuite, un échappement, évoquent un problème d'hypersensibilité au bruit, donc une possibilité de phobie ou d'anxiété.
   - Un sursaut suivi d'une exploration est une réaction normale.
   - L'absence de sursaut associée à une exploration du bruit est un signe de forte tolérance au bruit, probablement d'enrichissement psychomoteur dans le domaine auditif.

3. *Audition (suite)*: toujours en cachette du chiot, faites claquer vos mains soudainement pour produire un bruit plus violent. Cet exercice peut servir de test de tolérance pour évaluer la peur du bruit.
   - Absence de réaction d'évitement, investigation du bruit: le chiot vient directement vers vous. C'est une réaction d'intérêt sans crainte.
   - Une méfiance suivie de curiosité est la réaction recherchée.
   - Un sursaut et une fuite, sans retour, indiquent que le chiot risque de rester craintif face aux bruits urbains.

4. *Vue*: faites rouler une petite balle vivement colorée ou agitez un foulard coloré jaune, vert ou bleu (évitez le rouge puisque le chien est moins sensible à cette couleur). Le mouvement devrait attirer l'attention du chiot.

Réaction d'inhibition au pincement contrôlé

La maman apprend à ses chiots l'autocontrôle en les pinçant, en les mordant au niveau de la nuque, des oreilles et de la face, tout en se mettant au-dessus d'eux et en les forçant au coucher. Faites de même en pinçant le chiot au niveau de la joue ou des oreilles, ou en agrippant son nez entre vos doigts tout en le forçant à s'immobiliser et à se coucher. Comment le chiot réagit-il?

1. Le chiot crie, pousse un «kaï», s'immobilise, se couche et reste couché tant que vous le tenez, s'ébroue et court après vous quand vous le lâchez: c'est la réaction espérée d'un chiot qui se contrôle correctement.

2. Le chiot crie, se couche, reste immobile et ne court pas après vous une fois libre, vous évitant plutôt: c'est une réaction de crainte aux manipulations.

3. Le chiot crie, se débat, n'accepte pas de se coucher, veut mordre et remue sans cesse en tous sens: réaction dénotant l'absence d'autocontrôle et de tolérance aux manipulations d'inhibition par les adultes. Cette réaction est tolérée à 7 semaines, mais n'est plus acceptable après 3 mois.

4. Le chiot crie, se débat, veut mordre, montre les dents, hurle, urine éventuellement, et reste ensuite à distance. Cette réaction est fréquente chez les chiots anxieux et agressifs (agression par peur).

Réaction à la contrainte

Voici un test important très facile à réaliser. Il suffit de mettre le chiot en *position de soumission*, couché sur le dos, maintenu par la peau de la nuque, *sans rien dire et sans le caresser*. Vous pouvez «grogner» comme le ferait la mère. Comment réagit-il?

1. Il se tend, se débat, puis accepte la position: chiot normal et équilibré, recommandé pour une famille avec des enfants.

2. Il se tend, se débat, mord et n'accepte pas votre contrainte: attention à un risque de dominance; chiot à réserver à un propriétaire strict.

3. Il se laisse faire sans tension: chiot qui a tendance à se soumettre, recommandé pour des personnes âgées ou des personnes qui veulent gâter leur chien.

4. Il se débat, se tortille, mord, hurle, urine, défèque et les pupilles sont dilatées: réaction de peur et d'intolérance à la contrainte; attention, chien anxieux agressif.

Refaites le test. Plus vous le répéterez, plus le chiot devrait vous faire confiance.

Test d'élévation

Ce test ne permet de tirer aucune conclusion sur le statut hiérarchique du chien, mais seulement sur sa tolérance à une certaine forme de manipulation : l'élévation. Vous prenez le chiot dans vos mains, dans vos bras, et vous le soulevez du sol. Comment réagit-il ?

1. Il accepte la position et se laisse aller, relâchant son tonus : réaction d'acceptation.
2. Il se débat puis se détend après quelques dizaines de secondes : réaction normale.
3. Il se débat et on ne peut le calmer, il est très tonique, mais sans aucune agressivité : réaction typique du chiot qui n'a pas acquis tous ses autocontrôles. Il peut encore les apprendre s'il n'a que 7 semaines, il est urgent de les lui enseigner s'il a 3 mois.
4. Il se débat violemment, veut mordre, hurle, et sa réaction, loin de se calmer, ne fait que s'amplifier si vous le maintenez dans cette position : réaction d'intolérance, voire de crainte ou de peur de l'élévation. Chiot peu recommandé pour une famille avec des enfants.

Test de mordant

Provoquez le chiot avec un chiffon ou une corde à nœuds, jusqu'à ce qu'il prenne l'objet en bouche et tire. Observez sa réaction.

1. Il tire directement, grogne méchamment, retrousse les babines, présente une queue raide, refuse de lâcher : réaction excessive pour un bon chien de famille, trop d'ardeur à mordre, ce qui n'est compatible qu'avec un chien de travail éduqué par un professionnel.
2. Il tire, grogne, mais sans retrousser les babines, et tout en agitant la queue, puis se désintéresse du jeu ou accepte que vous repreniez le chiffon : bonne réaction pour un chien de famille.
3. Il renifle et s'éloigne : bonne réaction pour un compagnon pour le troisième âge.

Répétez ce test si vous en avez l'occasion.

L'isolement d'un chiot

La détresse d'un chiot une fois isolé du groupe est révélatrice de son attachement à ses frères et sœurs ou à sa mère. Dans ce cas, voyez si votre présence et votre comportement permettent de calmer ses cris de détresse ; si oui, c'est de bon augure pour un lien d'attachement éventuel avec vous.

Le chiot doit être isolé dans une pièce inconnue, avec vous et vos familiers.

1. Le chiot se retire dans un coin, se couche, est indifférent : risque d'absence d'attachement et de dépression.

2. Le chiot miaule, pleure, jappe et cherche à retrouver sa mère et la portée, sans s'occuper de vous. La valeur de ce test dépend de l'âge du chiot. À 5 semaines, il est attiré par tout le monde. À partir de 7 semaines, il fait la différence et préfère sa mère ou ses frères et sœurs. Si vous parvenez à l'apaiser, c'est de bon augure pour un attachement futur à vous.

3. Le chiot jappe, aboie, hurle sa détresse, mais fuit absolument tout contact avec vous. Dans ce cas, je me poserais des questions sur son degré de socialisation. Il pourra éventuellement s'attacher à vous, mais pas toujours à l'ensemble de l'humanité.

4. Le chiot miaule et jappe un moment, puis s'apaise à votre contact et en entendant vos paroles douces. Son attachement ne posera pas de problème.

Test de rapport d'objet

Si, après avoir attiré l'attention du chiot avec un jouet adapté à son âge, vous lancez l'objet à un ou deux mètres de lui, que fait-il ?

1. Il court derrière l'objet, le prend en gueule et vient vers vous à votre appel : réaction espérée pour un futur chien de rapport.

2. Il court derrière l'objet, l'explore, le prend en gueule puis l'abandonne : réaction attendue mais partielle d'un futur chien de rapport.

3. Il commence par courir derrière l'objet puis abandonne : réaction qui marque un manque d'intérêt. Ce chiot peut encore apprendre, mais le rapport ne fait peut-être pas partie de sa personnalité.

4. Il ne manifeste aucun intérêt pour l'objet, bien qu'il l'ait vu et que l'objet ait été lancé à quelque distance : on peut avoir des doutes sur ses performances futures dans le rapport d'objet.

Il faut faire ce test à plusieurs reprises, à des moments différents, parce qu'un chiot peut simplement être trop engourdi par la digestion ou trop endormi pour répondre avec punch à votre test.

En fin de compte...

Un chiot équilibré devrait être curieux et un peu méfiant, disons réservé — il ne se jettera pas dans les bras du premier venu —, mais il devrait être capable de dépasser sa méfiance pour explorer l'inconnu. Certains chiots sont téméraires, n'ont peur de rien, agissent avant de réfléchir. D'autres sont craintifs, refusent d'explorer et restent dans leur petit monde limité. Enfin, il faut éviter d'adopter un chiot qui présente des manifestations de peur et d'agressivité non contrôlée, il deviendra un chien à problèmes.

Tableau récapitulatif des tests comportementaux chez le chiot

I.	APPROCHE DE LA PORTÉE	SOCIABILITÉ
	Chiot prudent, curieux, décontracté, queue frétillante	Équilibré
	Chiot actif, tonique, queue frétillante, mordille	Tonique
	Chiot actif, agresse les autres chiots	Agressif
	Chiot craintif, reste à distance, s'éloigne à votre approche, posture basse	Craintif
	Chiot peu réactif, inexpressif	Hypotonique
	Chiot sans cesse en mouvement	Hyperactif
2.	ORDRE HIÉRARCHIQUE	ORDRE
	Chiot qui prend tous les objets sans que les autres lui contestent ce droit	Dominant
	Chiot qui perd tous les objets et abandonne sans conflit	Soumis
	Chiot qui gagne et perd alternativement	Équilibré
3.	TEST AUDITIF : AGITER UN TROUSSEAU DE CLÉS, FAIRE CLAQUER LES MAINS	TOLÉRANCE
	Absence totale de réaction	Sourd
	Fuite, échappement, maintien à distance	Peureux
	Sursaut suivi d'exploration	Équilibré
	Absence de sursaut, exploration du bruit	Équilibré
4.	INHIBITION AU PINCEMENT CONTRÔLÉ DE LA FACE	TOLÉRANCE
	Le chiot crie, s'immobilise, vient ensuite vers vous pour jouer	Équilibré
	Le chiot crie, s'immobilise, vous évite ensuite	Craintif
	Le chiot crie, se débat, veut mordre, bouge ensuite sans arrêt en tous sens	Hyperactif
	Le chiot crie, se débat, veut mordre, montre les dents, hurle, peut uriner, garde ensuite ses distances, avec vous	Peureux

5.	RÉACTION À LA CONTRAINTE	TOLÉRANCE
	Le chiot se tend, se débat, puis accepte la position	Équilibré
	Il se tend, se débat, mord et n'accepte pas votre contrainte	Dominant
	Il se laisse faire	Soumis
	Il se débat, se tortille, mord, hurle, urine, défèque, ses pupilles sont dilatées : peur et intolérance face à la contrainte	Peureux

6.	TEST D'ÉLÉVATION	TOLÉRANCE
	Le chiot accepte la position et se laisse aller, relâchant son tonus	Équilibré
	Il se débat puis se détend après quelques dizaines de secondes	Équilibré
	Il se débat et on ne peut le calmer, il est très tonique, mais sans aucune agressivité	Hyperactif
	Il se débat violemment, veut mordre, hurle, et sa réaction, loin de s'atténuer, ne fait que s'amplifier si vous le maintenez dans cette position	Peureux

7.	TEST DE MORDANT	MORDANT
	Le chiot tire directement, grogne méchamment, retrousse les babines, présente une queue raide, refuse de lâcher	Fort
	Il tire, grogne, mais sans retrousser les babines et tout en agitant la queue, puis se désintéresse du jeu ou accepte que vous repreniez le chiffon	Équilibré
	Il renifle et/ou s'éloigne	Faible

8.	TEST D'ISOLEMENT	ÉQUILIBRE ÉMOTIONNEL
	Le chiot se retire dans un coin, se couche, est indifférent	Distant
	Il miaule, pleure, jappe et cherche à retrouver sa mère et la portée sans s'occuper de vous	Craintif
	Il jappe, aboie, hurle sa détresse, mais fuit absolument tout contact avec vous	Craintif
	Il miaule et jappe un moment puis s'apaise à votre contact et en entendant vos paroles douces	Équilibré

9.	TEST DE RAPPORT D'OBJET	RAPPORT
	Le chiot court derrière l'objet, le prend en gueule et vient vers vous à votre appel	Bon
	Il court derrière l'objet, l'explore, le prend en gueule puis l'abandonne	Correct
	Il commence par courir derrière l'objet puis abandonne	Insuffisant
	Il ne manifeste aucun intérêt pour l'objet, bien qu'il l'ait vu et que l'objet a été lancé à quelque distance	Absent

L'insertion du chiot à la maison

L'introduction du chiot dans son nouvel univers est un événement de sa vie auquel on pense peu et qui peut pourtant engendrer une tension sociale et des troubles de comportement. Certains chiens ne s'éduquent jamais parce que les premières heures passées à la maison se sont écoulées dans une solitude accablante, dans une obscurité effroyable, parce qu'un voyage interminable en voiture les a traumatisés…

Une fois que vous avez choisi votre chiot, vous l'emportez à la maison. Vous avez déterminé l'endroit où il dormira, se nourrira et éliminera. La question de l'élimination ayant été réglée dans un chapitre précédent, nous nous concentrerons ici sur l'insertion d'un chiot dans une famille comprenant un chien ou un chat.

Planifiez l'arrivée du nouveau membre de la famille et arrangez-vous pour avoir suffisamment de temps libre à ce moment, par exemple durant un week-end ou pendant vos vacances. Tenez les visiteurs à l'écart pour permettre au chiot de s'adapter à votre famille et à son nouvel entourage avant de se voir confronté au reste du monde.

Les changements abrupts provoquent un stress énorme chez le chiot : passer d'une vie avec maman, frères et sœurs à un sevrage brutal, être soudainement plongé dans un environnement étranger, perdre ses proches parents et ses compagnons de jeu, expérimenter l'isolement nocturne… Le stress vécu par le chiot se manifeste souvent par une perte d'appétit (anorexie) de quelques heures. Une bonne indication de l'adaptation du chien à son nouvel environnement est le retour de son appétit. Attention, ce symptôme est aussi courant en début de maladie ; s'il se prolonge plus de 24 heures ou s'accompagne d'autres signes alarmants, consultez un vétérinaire.

Pouvez-vous imaginer stress plus éprouvant pour un chiot que ce changement de milieu? Comment l'atténuer? Si le chiot vous connaît déjà par vos visites chez l'éleveur, ce sera plus facile. S'il retrouve l'un ou l'autre de ses jouets, sa couverture, son odeur et celle de sa mère et de ses amis de jeu, ce sera encore mieux. Pensez-y!

Si vous avez déjà un chien plus âgé à la maison, l'affaire peut se compliquer un peu. J'y reviendrai.

Le transport du chiot jusqu'à la maison

La plupart des propriétaires vont chercher leur chiot en voiture. Ils peuvent être seuls ou accompagnés. Si possible, emportez un plaid de chez l'éleveur; grâce à l'odeur de la portée et de la mère dont elle est imprégnée, cette couverture aura un effet apaisant.

- Si on est seul, il vaut mieux emporter une cage de transport pour y placer le chiot, sur une alèse ou une couverture. La cage, posée sur le siège avant, sera fixée avec la ceinture de sécurité. De cette façon, le conducteur pourra observer le chiot, constater ses demandes d'élimination, s'assurer qu'il n'est pas malade (nausées) et le réconforter de la main ou de la voix.
- Si on est plusieurs, le passager ou la passagère prendra le chiot sur ses genoux, sur un plaid ou une alèse, et s'occupera de lui.
- Si le chiot a des vomissements, ne vous fâchez pas, ce n'est pas sa faute.

L'arrivée à la maison

Avant d'aller chercher le chiot, vous aurez déjà déterminé où il dormira, où il mangera et où il fera ses «besoins». Vous aurez fait une liste des lieux où l'accès sera autorisé ou interdit. À l'arrivée du chiot, après un petit tour par les toilettes, vous lui montrerez les lieux. Une fois l'excitation du moment passée, vous lui offrirez un petit goûter. Vous le sortirez à nouveau et l'encouragerez à aller dans son lieu de couchage au moindre signe de sommeil. La vie ensemble commence vraiment.

Insertion d'un chiot dans une famille comprenant un chien adulte

Vous avez déjà un chien et venez d'acquérir un chiot. Le résidant peut se montrer agressif ou boudeur, il peut faire une dépression ou rechercher votre attention par un comportement particulier (redevenir sale, manger davantage) ou par une série de symptômes corporels allant des problèmes de léchage de la patte à des diarrhées. Il peut manifester de l'agressivité, de la compétition ou de la tristesse, par exemple.

Pour réussir l'adaptation mutuelle des chiens, plusieurs conditions sont nécessaires :
* le bon état de santé des deux chiens ;
* leur bonne socialisation et leur équilibre psychique ;
* l'intelligence du propriétaire, qui doit comprendre ce qui va se passer ;
* l'absence réfléchie et relative d'intervention du maître.

D'abord, il faut savoir que plus le chiot est jeune, plus il sera adopté facilement par le chien résidant. Et cette adoption se fera d'autant plus aisément que les animaux se connaissent déjà.

Quand vous introduisez le chiot chez vous, essayez de placer votre chien résidant chez des amis pour une dizaine d'heures. En effet,
* vous pouvez vous concentrer ainsi sur le chiot et ses activités ;
* ce dernier peut s'acclimater à un nouvel environnement physique sans subir la pression d'un membre de son espèce ;
* le résidant montre moins de réaction de défense territoriale (agressivité, marquage territorial…) après une absence de quelques heures.

Comment mettre les deux chiens en présence ?

Il existe plusieurs méthodes qui dépendent de la socialisation, de la tolérance et de l'agressivité du chien résidant. Deux situations peuvent se présenter :
* le chien résidant présente un tempérament équilibré ;
* le chien résidant s'est déjà montré agressif envers d'autres chiens, notamment des chiots. Si c'est le cas, avant la mise en contact des chiens, consultez un vétérinaire

comportementaliste qui vous indiquera un programme de rééducation approprié, associé ou non à une médication antiagressive.

Le propriétaire dressera un plan sommaire des surfaces de l'habitation afin d'identifier les lieux à valeur sociale et d'y inscrire les surfaces adaptées au chiot.

Une fois les chiens en présence l'un de l'autre, *supervisez les événements, mais sans intervenir*, dans les limites du possible. Si les chiens sont destinés à vivre ensemble, il faut que leurs liaisons sociales soient régies par une relation hiérarchisée. Celle-ci s'établit à travers l'interaction physique des animaux. Généralement, le résidant menace, gronde et attrape le nouveau venu par la peau du cou, le plaquant au sol. Le chiot accepte la dominance de l'aîné et se met en position de soumission. Cela n'est évidemment possible que si les animaux ont bénéficié d'une socialisation équilibrée, s'ils contrôlent leurs morsures et utilisent les postures ritualisées pour la gestion des conflits. Le résidant peut même mordre le chiot et lui infliger une certaine douleur (un chien adulte n'attaque normalement pas les jeunes impubères). N'en profitez pas pour l'écarter et consoler le chiot, car le processus de hiérarchisation serait perturbé.

La mise en contact

- La première mise en contact se fera en terrain neutre (dans un parc, dans le jardin, dans la rue).
- Le chiot adoptera les rituels d'apaisement. S'il ne le fait pas spontanément, on le couchera en position de soumission afin que le chien adulte puisse le flairer à son aise et que la hiérarchisation soit établie d'emblée.
- Le chien résidant, dominant, devra être assuré du maintien de tous ses privilèges : il mangera le premier, sera caressé avant le jeune, bénéficiera d'un lieu de couchage à valeur sociale plus élevée (plus près des propriétaires) et sera sorti le premier. Ce sont les égards et les privilèges normaux de la classe sociale dominante, et vous devez les respecter.
- Si le chiot est impertinent avec le chien adulte, on laissera ce dernier corriger le jeune, grogner, menacer de mordre, voire mordre (sous contrôle), jusqu'à soumission du chiot.

Le maître n'interviendra que si le risque de blessure semble important. Il convient de laisser les chiens résoudre seuls leurs conflits. L'intervention inopinée du propriétaire empêche la résolution d'un conflit, déstabilise la hiérarchie et renforce la dominance du chiot qui, se sentant associé au propriétaire jugé dominant, se permettra dès lors de narguer le chien résidant.

Faut-il nourrir les chiens séparément ou ensemble ?

Nourrissez les chiens au même endroit. Commencez par l'aîné, le dominant. Le chiot doit accepter de voir son aîné manger avant lui. Ne cherchez pas à être « juste » en leur donnant à manger en même temps ; ce sentiment tournerait en injustice dans leur monde de chiens.

Pour éviter que le dominant n'ingère les deux rations alimentaires, éloignez-le quand c'est au tour du chiot de manger.

Si vous réunissez les deux chiens avant que les bols ne soient vides, vous risquez de créer de petits conflits. Les premiers jours, la compétition entre les chiens les pousse à manger plus vite et même à voler le repas du compagnon. Cette boulimie conduit souvent d'ailleurs à des régurgitations.

**Guide pratique pour l'introduction d'un chiot
dans une famille comprenant un chien adulte**

1. Placez votre chien résidant chez des amis pour une dizaine d'heures.
2. Si vous ramenez le chiot en voiture, gardez-le à côté de vous ou sur vos genoux. S'il est malade, ne vous fâchez pas et nettoyez.
3. Une fois à la maison, conduisez le chiot à l'endroit choisi pour les éliminations.
4. Ensuite, donnez-lui l'accès à la maison.
5. Donnez-lui à manger aux mêmes heures que chez l'éleveur, et la même nourriture (pendant quelques jours).
6. Quand le chiot s'est un peu familiarisé avec son nouvel environnement, introduisez le chien résidant.
7. Surveillez les deux chiens et intervenez le moins possible. Laissez la hiérarchie s'établir.
8. Favorisez toujours le dominant et gardez-lui sa position dominante.

Insertion d'un chiot dans une famille comprenant un chat

Ici, la meilleure technique consiste à limiter la motricité du chiot, par exemple en l'enfermant dans un parc pour enfant ou en l'attachant à un pied de meuble, et de laisser le chat libre de circuler, de s'habituer à la présence du chiot, sans être incommodé par des attaques ou des demandes de jeu incessantes. Bien sûr, on applique cette technique quand le chien et le chat sont ensemble, seuls ou sous la surveillance des propriétaires. Il est parfois nécessaire de les séparer, pour la paix du ménage.

Il serait idéal que le chat ait été socialisé aux chiens et le chiot aux chats. Le mieux, si l'on désire avoir un chien et un chat, serait d'adopter un chaton et un chiot du même âge et de les faire vivre ensemble.

Avant la puberté
La période entre 4 et 6 mois

La période juvénile, un moment difficile

Entre l'âge de 2 mois et la puberté, le jeune chien vit l'une des périodes les plus importantes de sa vie. C'est également le moment des vaccinations, qui demandent des visites
répétées chez le vétérinaire. N'hésitez pas à l'interpeller au sujet du développement physique et comportemental de votre chien. La moindre déviation, le moindre problème
de communication entre vous et votre chien peuvent avoir d'importantes répercussions
sur l'avenir. À cet âge, les traitements sont aisés.

    La période dont je parle ici, appelée « période juvénile », commence vers l'âge de
4 mois et se termine avec la puberté. C'est une phase d'*intégration* des informations
recueillies durant la période précédente, soit la période de socialisation. C'est aussi une
phase de *distanciation* par rapport à la mère, associée à un attachement au groupe social
et au monde extérieur.

    Selon Scott et Fuller, la période juvénile *commence* avec les premières excursions à
une distance appréciable du nid, c'est-à-dire vers l'âge de 12 semaines. En réalité, elle
commence à la fin de la période de socialisation. Or, celle-ci présente une durée variable
suivant les conditions de vie. La période juvénile commence donc vers l'âge de 3 ou 4 mois
selon les circonstances. Elle *se termine* à l'approche de la puberté.

Un programme chargé

Entre l'âge de 2 mois et la puberté, le chien est, dans la nature, éduqué par sa mère — et par d'autres adultes — qui lui enseigne une série de rituels. Le chien domestique est sélectionné et adopté par de nouveaux propriétaires. Il est hiérarchisé puis marginalisé, comme il le serait dans une meute de chiens. Le chiot subit un premier cycle d'instruction favorisant une bonne insertion dans le monde des humains. Voici le programme de cette période :

- Transition entre deux périodes sensibles
- Distanciation par rapport à la mère
- Distanciation par rapport aux inconnus
- Hiérarchisation alimentaire
- Comportements de groupe
- Adoption par une famille
- Apprentissages : l'école « primaire »
- Classes pour chiots (dès l'âge de 8 à 12 semaines, mise en contact, jeux, etc.)

Une période de passage

La période juvénile assure la transition entre deux phases sensibles, la période de socialisation et la période pubertaire. C'est une phase moins propice à l'apprentissage de nouveautés.

La peur de l'inconnu peut s'accroître au cours de cette période. Cette peur sera d'autant plus marquée que la période de socialisation aura été pauvre en stimulations. En pareil cas, le chiot fera la différence entre les quelques éléments connus, imprégnés avant l'âge de 3 ou 4 mois, et les stimuli nouveaux qu'il risquera de craindre. Dans le cas d'une période de socialisation enrichie, cette différence n'est pas significative et l'apprentissage se poursuit.

À 4 mois

En théorie, le chiot de 4 mois est propre, il contrôle sa morsure et sa motricité, et il ne craint ni le milieu extérieur, ni les personnes inconnues, ni les animaux de toutes sortes avec lesquels il doit interagir. Dans le cas contraire, une consultation chez un vétérinaire comportementaliste doit être envisagée rapidement.

C'est à cet âge que se fait idéalement l'école élémentaire du chiot. S'il ne les a pas encore appris, il faut lui enseigner les ordres de base : assis, couché, marche en laisse, rappel… en douceur et en lui offrant des récompenses. Les méthodes punitives sont ici contre-indiquées.

Les jeunes chiens agissent comme un groupe solidaire. Si un chiot curieux explore un stimulus, tout le groupe le suit. De la même façon, les chiots suivent et imitent les personnes qui les ont adoptés et auxquelles ils se sont attachés. Ils participent à toutes les activités de la famille. Cette imitation constitue un facteur favorable à l'éducation.

La distanciation par rapport à la mère

Le processus de distanciation par rapport à la mère, commencé pendant la période de socialisation, s'amplifie. La mère s'éloigne activement de ses chiots et punit ceux qui la poursuivent et se montrent envahissants.

L'acquéreur d'un chiot doit reproduire ce comportement, sans quoi il risque de voir se développer chez son chien un hyperattachement et une anxiété de séparation (voir à ce sujet L'adoption d'un chiot juvénile, page 189). La distanciation se poursuit dans le détachement affectif entre la mère et le chiot à la période pubertaire.

La distanciation par rapport aux inconnus

Le jeune chien se centre sur les activités du groupe et rejette progressivement l'inconnu, qu'il s'agisse de personnes ou de chiens.

L'isolement du chiot juvénile par rapport au milieu extérieur entraîne une perte partielle des acquis de la période de socialisation. Les *cartes sociales* acquises risquent de se détériorer. C'est à cet âge que de nombreux chiens développent une forme de *racisme* à l'égard de leurs congénères. Ils acceptent de moins en moins les chiens dissemblables à l'empreinte de leur propre race.

La file d'attente pour l'accès aux repas

Le chiot a appris à respecter les adultes, à utiliser les rituels de soumission et d'apaisement pour obtenir de la nourriture ou des contacts sociaux.

À 4 *mois* au plus tard, il doit faire la *file d'attente pour l'accès au repas*. En effet, l'ordre de préséance est bien établi : les dominants mangent les premiers, lentement, à la vue de tous, et se réservent les morceaux de choix. C'est leur privilège. Une fois leur repas terminé, les suivants dans la hiérarchie ont l'autorisation d'accéder aux restes, et ainsi de suite jusqu'au petit dernier.

Ce schéma simpliste se complique bien sûr de rituels d'apaisement qui permettent à un chiot ou à un chien soumis de s'emparer avant son tour d'un morceau, avec l'autorisation du dominant.

Et dans la maison ?

Les propriétaires, parents adoptifs, doivent respecter l'organisation sociale et le processus de hiérarchisation, sous peine de reconnaître implicitement que le chiot est le maître de la maisonnée. Les propriétaires mangeront, comme les dominants, à l'heure habituelle et à leur rythme. Le chiot mangera donc après eux, après les avoir regardés, et sans avoir eu accès à leur repas. Il est donc tout à fait déconseillé de donner au chiot qui le demande des aliments alors que l'on se trouve à table. Récompenser la mendicité du chiot est une pratique courante qui ne fait qu'accroître la demande en fréquence et en intensité.

Si l'on reconnaît au chiot le droit de se servir quand il le désire, en lui fournissant le repas en approvisionnement continu, on facilite de la même façon sa situation de dominance. Dès lors, le chiot sera nourri après ses propriétaires ou à des moments totalement différents ; il ne recevra rien à table, ni pendant les goûters pris ailleurs qu'à table ; son repas lui sera fourni pendant un temps limité (un quart d'heure sera amplement suffisant) et s'il ne mange pas tout, la gamelle sera enlevée et mise de côté jusqu'au repas suivant.

Cette hiérarchisation alimentaire n'est qu'un signe de la montée des conflits de génération qui culmineront à l'adolescence. En fait, c'est toute l'autorité des adultes que le chiot tente de remettre en question. Les choses se calment parfois lorsque les propriétaires suivent des cours d'éducation ou de dressage, lorsque le chien atteint l'âge de 5 mois. Cette phase de montée de l'agressivité passera inaperçue :

- si l'apprentissage des rituels de soumission et d'apaisement s'est fait adéquatement ;
- si l'autorité parentale est reconnue ;
- si la hiérarchisation alimentaire est correctement effectuée ;
- si le chien commence une instruction dès son plus jeune âge.

L'adoption d'un chiot juvénile (plus de 3 mois)

L'adoption d'un chiot juvénile s'assortit de quelques obligations :

- l'apprentissage des autocontrôles (voir page 65) ;
- l'attachement – détachement.

 Il faut commencer très vite le détachement. La règle à respecter est : « Tout le monde s'occupe du chiot. » Ainsi, il faudra veiller à :

1. n'autoriser aucun contact privilégié avec un seul membre du groupe ;
2. encourager les contacts avec tous les membres du groupe, sans distinction ;
3. éloigner le lieu de couchage du chiot de celui des propriétaires.

Apprentissages : l'école élémentaire ou primaire

Le chiot juvénile socialisé à l'être humain est un excellent candidat à l'éducation primaire ou élémentaire. Il peut acquérir les bases d'un comportement structuré dans la société humaine.

Il est idéal de commencer l'éducation à l'assis, au coucher et au rappel sans contrainte. Le chiot devrait suivre des classes de jeu et de socialisation pour chiots, de même que des classes de psychomotricité : parcours de jeu et d'agilité avec difficultés croissantes.

Autour de la puberté

La puberté est une période de bouleversement hormonal, de métamorphose corporelle et comportementale, de changements d'humeur et d'induction de nouveaux modes
de communication. C'est une période critique. Le chien acquiert un rôle dans le groupe
social et tend à se distancier des étrangers. Il en résulte :

*   *dans le groupe :* un détachement par rapport à la mère, un attachement au groupe,
    une hiérarchisation obligatoire et des conflits.
*   *hors du groupe :* une défense du groupe et de son territoire.

Voici le programme de cette période de développement :
*   La puberté, métamorphose hormonale
*   Le lever de patte
*   L'induction de nouveaux modes de communication
*   L'intégration dans la hiérarchie
*   Le détachement par rapport à la mère
*   L'obligation de distanciation des humains par rapport au chiot adolescent
*   L'adoption d'un rôle social hiérarchisé
*   Le rôle social des humains à l'égard des chiens adolescents
*   L'appartenance au groupe et ses corollaires
*   La sensibilisation et la distanciation par rapport aux étrangers
*   La défense du territoire

La puberté, métamorphose hormonale

La puberté est un moment critique, une nouvelle période sensible. Elle amène une métamorphose en profondeur. C'est à la puberté que les glandes sexuelles se mettent à produire à nouveau des hormones. « À nouveau » parce que les chiots mâles en produisent à la naissance pendant quelques jours. Ces hormones modifient :

- l'aspect physique des chiens : stature, résistance musculaire, développement des organes sexuels externes ;
- la chimie interne : création de protéines, réduction de la transformation des sucres en graisses ;
- la chimie cérébrale : diminution de l'autorégulation des transmissions chimiques des neurones (à dopamine) contrôlant notamment l'agressivité, l'anticipation et la motricité ;
- la production d'hormones appelées phéromones dans les sécrétions cutanées et les excrétions ;
- le comportement des adolescents et les réponses comportementales des adultes.

Ainsi, la production des hormones entraîne des changements corporels et des modifications sur le plan du comportement, dont le plus visible est le « lever de patte » chez le chien mâle.

Le chien qui entre dans l'adolescence doit subir une initiation constituée de deux éléments de base :

1. Le détachement des adolescents par rapport à la mère et aux autres adultes, c'est-à-dire l'acquisition de l'autonomie. Les adolescentes peuvent attendre jusqu'à leurs deuxièmes chaleurs. Le détachement par rapport à la mère ou à l'adulte d'attachement permet l'attachement au groupe et évite l'infantilisme et l'anxiété de séparation.
2. La hiérarchisation. C'est l'entrée dans la hiérarchie des adultes, avec le respect des règles qui s'y rattachent et la production des messages appropriés. Toute tentative d'expression de sexualité, de contrôle de passage ou d'alimentation prioritaire est sévèrement punie par les adultes.

Une consultation vétérinaire visant à dresser un bilan comportemental est recommandée pendant cette période.

Le lever de patte à la puberté

Le *lever de patte* signe l'activité des hormones sexuelles. Le chiot s'accroupissait pour uriner. À la puberté, il reste en position debout et lève une patte arrière, d'abord timidement, puis de plus en plus franchement. En même temps, il recherche un support sur lequel uriner : une touffe d'herbe, un poteau ou même un meuble.

Il est faux de croire que seuls les mâles lèvent la patte. Les femelles le font aussi, particulièrement lors des chaleurs.

Le *lever de patte* est un rituel complexe qui associe une communication chimique (marque odoriférante, phéromones) et une communication visuelle (lever de patte et exposition génitale). La marque sera renouvelée. Elle a une valeur de carte d'identité et fournit des informations tant sur le niveau hiérarchique de l'émetteur que sur sa réceptivité sexuelle. Ce comportement se retrouve particulièrement chez les dominants en présence de challengers de la même famille-meute ou d'étrangers (de la même espèce) au groupe.

Chez la femelle, c'est l'apparition des pertes de sang durant les chaleurs (*œstrus*, ou période de réceptivité sexuelle) qui signe le début de la puberté et l'entrée dans le monde de la fertilité et de la reproduction.

En fait, tout cela n'est que la partie émergée de l'iceberg. La puberté s'accompagne de la production de phéromones spécifiques tant chez les mâles que chez les femelles. Dans la meute, seuls les dominants ont le droit de se reproduire. C'est un de leurs privilèges. La production de phéromones par les jeunes adolescents signale aux dominants la présence de nouveaux challengers dans le groupe. Les dominants interdiront aux adolescents l'accès à la sexualité, mais ceux-ci ne se laisseront pas faire.

L'induction de nouveaux modes de communication

La production de phéromones sous l'influence des hormones sexuelles entraîne des réactions d'attrait et d'opposition dans le groupe.

- Attrait. Les phéromones des chiennes en chaleur *(œstrus)* activent le désir sexuel chez le mâle. Réciproquement, les phéromones des mâles attirent les chiennes en *œstrus*.
- Opposition. Les phéromones sexuelles activent la compétition entre congénères du même sexe. La production de phéromones chez l'adolescent apparaît comme une provocation pour les dominants. Dès qu'un chien dominant sent la montée du désir sexuel chez un adolescent, il réagit violemment. Le jeune est refoulé, sa sexualité doit être inhibée. Le dominant devient exhibitionniste et exprime ses prérogatives devant le groupe.

Les jeunes s'adaptent douloureusement à ces nouvelles réactions des adultes. C'est la *crise de l'adolescence*. Il s'agit donc d'un conflit de générations, qui aboutit à une clarification des rôles de chacun dans le groupe, à l'adoption d'un rôle social hiérarchisé.

La marginalisation des adolescents

Le couple dominant refoule les adolescents en marge du territoire du groupe, les empêchant de dormir avec lui, cessant de leur donner des soins, exigeant des rituels d'apaisement et de soumission, et les agressant à la moindre tentative de flirt. L'adolescent subit une réduction de ses désirs sexuels (une forme de castration psychique), il est écarté des zones sociales de valeur, des aires de couchage des dominants, et ne reçoit plus d'attentions amicales qu'après avoir exprimé sa soumission.

Les zones sociales de valeur sont les espaces élevés, les lieux où le passage est contrôlé et les lieux de couchage (où les dominants déposent involontairement leurs phéromones en dormant). Ce sont les aires investies par les dominants. Y avoir accès est synonyme de statut élevé dans la hiérarchie, comme nous l'avons vu dans le chapitre sur la communication et sur la hiérarchie.

Le détachement par rapport à la mère

Le chien adolescent qui subit une marginalisation est privé du contact permanent avec les dominants, notamment de celui avec sa mère. Il s'en détache et acquiert enfin son autonomie.

La distanciation entamée à la période de socialisation (entre 3 semaines et 3 ou 4 mois) se poursuit pendant la période juvénile. Elle culmine à la période pubertaire pour aboutir enfin au détachement, à la rupture du « cordon ombilical » affectif qui lie la mère et son enfant.

La chienne rejette plus précocement ses fils que ses filles. Cela se passe d'abord au cours des jeux et des interactions affectives pour s'étendre ensuite aux aires de couchage.

La production de phéromones est en partie responsable des refoulements parfois violents des adolescents par les adultes. Les adolescentes subissent un rejet plus tempéré et différé. Ce ne sera qu'aux deuxièmes chaleurs qu'elles seront marginalisées par leur mère, assistée des autres femelles de la meute.

Jeune berger allemand adolescent.

L'absence du respect de ce processus de détachement par les acquéreurs (humains) entraîne des troubles sérieux : hyperattachement, infantilisation, anxiété de séparation.

Le détachement exerce plusieurs fonctions dans la nature : il empêche les relations sexuelles entre mère et fils ; il évite donc l'inceste, la consanguinité et ses risques pour la survie du groupe ; il refoule les filles à distance du couple dominant, et donc du père, par les mêmes implications anti-incestueuses. De plus, il rend l'adolescent autonome, c'est-à-dire apte à se centrer sur lui-même pour explorer le monde en toute confiance. Il favorise enfin l'attachement de l'adolescent au groupe social.

L'obligation de distanciation des humains par rapport au chiot adolescent

Les êtres d'attachement doivent susciter le détachement comme la chienne l'aurait fait. L'adoption d'un chiot s'assortit de cette obligation paradoxale. Les demandes du chien de compagnie adolescent doivent être rejetées. Les attentes de contact par le parent adoptif doivent être limitées. Ce dernier doit se faire violence, car c'est à ce prix seulement que le chien acquerra sa maturité sociale. Le parent adoptif devra ainsi :

- interdire au chiot adolescent de suivre partout la personne d'attachement ;
- si le chiot avait l'habitude de dormir dans la chambre de ses maîtres adultes, le faire dormir dans un lieu sans valeur sociale dominante ;
- favoriser un attachement égal à tous les membres de la famille.

L'adoption d'un rôle social hiérarchisé

La montée hormonale, le désir sexuel, la production de phéromones et la réaction conséquente des adultes, ainsi que le détachement de la mère nécessitent une restructuration complète des relations. Cette restructuration n'est pas laissée au hasard. Dirigée par les dominants du groupe, elle est en continuité avec la hiérarchisation alimentaire de la période de socialisation. *Tout* est désormais soumis à une régulation hiérarchique :
- l'accès à la sexualité ;
- le contrôle de l'espace et des lieux de couchage ;
- les interactions sociales avec les autres membres du groupe ;
- les alliances avec les adultes ;
- les postures dans l'interaction avec les adultes.

Brusquement, presque du jour au lendemain, les règles sociales basculent. Si, auparavant, tout n'était pas permis, si le jeune chien devait s'approcher des dominants en prenant une posture d'apaisement, il pouvait encore dormir avec ses parents, chevaucher son père au cours des jeux… Tout cela est terminé. Les chevauchements par un adolescent (producteur de phéromones) prennent une valeur hiérarchique de dominance, le sommeil avec des dominants prend une signification de cour (flirt), le retroussement des babines est synonyme de provocation.

Chaque acte social de l'adolescent lance un double message : c'est du jeu, mais aussi du flirt, c'est une approche amicale, mais aussi un chevauchement intolérable, c'est un lever de patte timide, mais il renferme des phéromones mâles de défi… Les adultes veulent clarifier la communication. Il faut désormais que l'adolescent apprenne les rituels appropriés au *rôle* qu'il doit jouer dans le cadre «théâtral» fixé par les adultes. Il doit être dominé, et se comporter comme tel.

Le rôle hiérarchique des humains face au chiot adolescent

Les êtres humains adultes et adolescents devraient jouer le rôle de dominants. L'adoption d'un chiot entraîne cette obligation paradoxale. Les demandes du chien de compagnie adolescent doivent être rejetées si elles ne sont pas accompagnées des postures d'apaisement. C'est à ce prix que le chien peut acquérir un statut hiérarchique équilibré. Un chiot adolescent n'a pas les compétences nécessaires pour être dominant. Cependant, il peut en manifester le désir.

Comment faut-il se comporter avec le chiot adolescent?
- Prendre toutes les décisions. Ne pas laisser le chien prendre les décisions.
- Ne pas caresser le chien à sa demande.
- Ne pas laisser le chien se coucher dans les places réservées aux personnes dominantes ni dans les lieux de contrôle des passages.
- Ne pas tolérer la moindre provocation.
- Ne pas accepter les manifestations sexuelles en public.

Si le propriétaire ne suit pas ces règles, le chien risque de postuler un statut social dominant et de ne plus respecter son autorité. Le risque des agressions hiérarchiques s'accroît.

La puberté, période sensible de rejet de l'inconnu

La puberté engendre d'autres phénomènes. En même temps que le chien s'installe dans la hiérarchie de la famille-meute, il s'intègre dans un groupe social et rejette éventuellement les autres groupes sociaux. Chez tous les canidés, sauvages ou domestiques, du renard au loup en passant par le coyote et le chacal, on observe une période où s'installe une *méfiance des étrangers.* On constate que le chien perd ses capacités de socialisation. Il régresse. Les contacts sociaux qu'il avait établis avant l'âge de 3 mois, il risque désormais de les perdre. C'est pourquoi la période de la puberté est une période sensible, et une période de sensibilisation.

La sensibilisation est le processus par lequel un stimulus devient progressivement de plus en plus insupportable ou intolérable pour un individu. C'est le contraire de l'habituation, qui rend les stimuli de plus en plus indistincts au point que l'individu n'y réagit plus, voire ne les perçoit plus.

Sensibilisation et désocialisation

Aux environs de la puberté, le jeune chien risque de perdre les avantages sociaux antérieurement acquis : il se désocialise. Il convient donc, une nouvelle fois, de l'enrichir de contacts positifs et d'éviter toute relation négative dont résulterait un risque de peur ou de phobie.

La désocialisation est liée en fait à une sensibilisation générale : le chien est sensible à tout événement négatif, que ce soit une relation traumatisante avec une personne ou une expérience désagréable avec un bruit ou un stimulus urbain, par exemple. Il en résulte des peurs et des phobies.

Désocialisation et territorialisation

Si le chien établit des contacts sociaux dans un groupe et se désocialise des individus qu'il rencontre peu, c'est-à-dire ceux qui appartiennent à d'autres groupes, il est assez logique qu'il se mette à défendre son groupe contre les étrangers. C'est le processus qui sous-tend la défense territoriale que nous avons examinée dans le chapitre portant sur l'agression.

Désocialisation, sensibilisation et territorialisation sont combinées, se manifestant au même moment. Ce sont trois versions du même processus : l'édification d'une base de données dans la mémoire et la comparaison entre nouveautés et acquis. Ce processus d'intégration des informations est appelé processus cognitif.

Est cognitif le processus qui permet d'acquérir des connaissances et d'interpréter des informations provenant de l'environnement.

Si le processus cognitif se déroule correctement, le chien se développe normalement. Parfois, des ratés entraînent des troubles de l'interprétation d'une situation : le chien jugera telle personne amicale et jouera avec elle ; il estimera que telle autre est antipathique ou dangereuse et l'agressera sans raison évidente ou l'évitera.

Facteurs de risque

Le chiot orphelin

L'identification et la socialisation du chien peuvent être compromises dans certains cas particuliers, notamment dans le cas des chiots *orphelins* ou *adoptés précocement.*

- Un chiot orphelin élevé par un humain sans aucun contact avec un autre chien développera une identité pseudo-humaine. Il ne tentera pas de jouer avec son image dans le miroir et flirtera avec les gens en période de reproduction.
- Un chiot orphelin adopté par une chatte deviendra un pseudo-chat et tentera de se reproduire avec des chats une fois adulte.
- Le chiot orphelin prendra une identité de chien s'il a accès à des jeux de combat avec d'autres chiens. Ces premiers contacts doivent avoir lieu impérativement avant l'âge de 12 à 14 semaines.

Éventuellement, si le chiot a été préparé à répondre à des jeux de combat mimés par un éducateur, il peut être réintroduit et accepté dans un groupe de chiots âgés de 16 semaines.

L'acquisition précoce

En cas d'*acquisition précoce,* c'est-à-dire vers l'âge de 3 à 6 semaines, le chiot n'a pas encore acquis définitivement:

- son identité d'espèce ;
- les autocontrôles ;
- les rituels d'apaisement.

Il peut alors s'identifier partiellement à l'espèce d'adoption, c'est-à-dire, bien souvent, l'espèce humaine.

Il n'est pas idéal d'acquérir un chiot avant l'âge de 7 *semaines*. Mais on peut le faire si on a à la maison un chien, de préférence une femelle, prêt à adopter le nouveau venu et à lui inculquer les rudiments de l'éducation canine.

Classement des milieux de développement

On sait que le milieu dans lequel se développe le chien est déterminant pour le comportement ultérieur de celui-ci. Le milieu de développement du chien peut être classé selon l'enrichissement ou l'appauvrissement (ou privation) en stimulations :
- Milieu de développement très pauvre, dit de privation : chenil industriel, lots de chiots.
- Milieu de développement pauvre : chenil isolé, pas de contacts avec le monde extérieur.
- Milieu de développement normal : contacts avec différentes personnes, sorties dans la rue et le jardin, contacts avec d'autres espèces animales.
- Milieu de développement enrichi : milieu normal avec chambre d'éveil, sorties dans les marchés ou les braderies, dans des gares, etc.

Un chiot qui a grandi dans un milieu de privation et qui est exposé ultérieurement à un milieu enrichi développe souvent des phobies, de l'anxiété ou même de la dépression. Cette inadaptation, qui présente plusieurs stades de gravité, est appelée *syndrome de privation*. Des thérapies et des médicaments appropriés aideront le chiot à se débarrasser de ces troubles.

L'usage de la vaccination pour sortir le chiot

Mettre le chiot en contact avec le milieu extérieur regorgeant de germes pose évidemment la question essentielle du risque d'infection. Faut-il opter pour :

- une prévention infectieuse et ne pas sortir le chiot avant qu'il ait reçu l'ensemble de ses vaccins?
- une prévention comportementale et sortir le chiot partout avant l'âge fatidique de 3 mois?

En fait, ce choix ne se pose pas puisqu'aucun propriétaire de chien ne stérilise ses vêtements et ses chaussures avant de rentrer chez lui. Il introduit donc des virus dans l'environnement dans lequel le chien est isolé. On en vient alors à la question des *vaccinations*.

Les premiers vaccins sont généralement inoculés entre 6 et 8 semaines. De nouveaux vaccins peuvent être injectés dès l'âge de 4 semaines. On fera un ou deux rappels, à un mois d'intervalle. Mais rien n'empêche d'augmenter la protection du chiot en le faisant vacciner plus souvent.

Chaque vétérinaire met au point son propre protocole de vaccination, en fonction du type de vaccin utilisé, des risques infectieux, de la demande et du budget des éleveurs. La vaccination est efficace et elle permet de sortir le chiot à l'extérieur immédiatement ou quelques jours plus tard.

Garder le chiot enfermé dans une maison de peur de l'exposer aux risques d'infection est une douce illusion étant donné la circulation des germes provenant de l'extérieur qu'entraînent les déplacements des humains. Le chiot n'est à l'abri des infections mortelles qu'une fois correctement vacciné.

Comment voir clair dans tout cela? En fait, le chiot *doit* sortir dès l'âge de 7 ou 8 semaines, protégé par un vaccin, afin d'acquérir un bon niveau de tolérance émotionnelle face à la richesse des stimulations de l'environnement. Il est donc recommandé:
- de vacciner le chien suivant le protocole choisi par le vétérinaire;
- d'adapter ce protocole de vaccination si le vétérinaire considère qu'il y a un risque accru dans le cas d'un chien qui sort dès l'âge de 6 ou 7 semaines;
- de suivre les recommandations générales faites dans ce livre concernant le comportement du chien.

Interdire au chiot de sortir avant l'âge de 3 ou 4 mois est un conseil de prudence qui ne correspond qu'à une préoccupation de prévention d'infection — et nous avons vu que c'est illusoire — et qui ne tient pas compte des besoins énormes de socialisation du chiot.

Facteurs de risque et problèmes de développement

Le tableau ci-dessous résume les principaux facteurs de risque en rapport avec le développement du chien et les conséquences possibles de la présence de ces facteurs sur son comportement.

Facteur	Période limite	Conséquences sur le chien
Chienne mère non caressée et stressée	Grossesse	Tendance à être craintif et intolérant au contact
Chiot nouveau-né non manipulé	3 semaines	Faible tolérance au contact
Retrait de la mère ou des chiens adultes du milieu d'élevage	2-3 mois	Syndrome hypersensibilité – hypermotricité (chien excitable et nerveux)
Absence de contacts avec des chiens (chiot orphelin)	3 mois	Phobie des chiens, chasse aux petits chiens
Absence de contacts avec une grande variété de personnes	3 mois	Phobie de (certaines) personnes
Absence de contacts avec des enfants	3 mois	Phobie des enfants, comportement de prédation avec les enfants

Absence de sorties répétées en ville, au marché, dans des gares	3 mois	Phobie de la ville, anxiété
Absence de contacts avec des chats ou d'autres animaux	3 mois	Comportement de prédation avec les chats ou d'autres animaux
Absence de pièce d'éveil et d'habituation précoce à des environnements variés	3 mois	Phobies diverses (bruits d'explosion, etc.), anxiété
Absence de contrôle de la morsure et de la motricité	3-4 mois	Syndrome hypersensibilité – hypermotricité (chien excitable et nerveux)
Absence de détachement	4 mois - puberté	Anxiété de séparation
Absence de hiérarchisation	4 mois - puberté	Troubles de la hiérarchie, agressions diverses

L'adoption d'un chien adulte

Beaucoup de gens adoptent un chien adulte. Certains critères que j'ai proposés pour le choix d'un chiot sont aussi valables pour le chien adulte :
*   le choix du sexe (page 167) ;
*   le choix de l'esthétique (page 168) ;
*   les tests de santé (page 168).

L'esthétique d'un chien se confirme à l'âge adulte, et ce critère est évidemment fondamental pour le choix d'un animal de concours ou de reproduction. Il l'est moins pour un chien de famille. Mais d'autres considérations interviennent dans le choix d'un chien.
*   Adoption d'un chien d'élevage ;
*   Adoption d'un chien de refuge (SPA) ;
*   Quelques mots sur l'adoptant.

Adoption d'un chien d'élevage

Acquérir un chien adulte dans un élevage devrait être un gage de qualité. En effet, on peut évaluer le chien selon plusieurs critères de qualité.

La qualité et la renommée de l'élevage

Il y a d'abord les critères d'hygiène et de bien-être. Si les chiens semblent avoir du plaisir et qu'ils ne présentent pas de troubles comportementaux tels que l'agressivité, l'hyperactivité ou la peur, alors on se trouve en présence d'un élevage qui pense sans doute « comportement ».

La transparence, c'est-à-dire l'autorisation de tout voir et de tout savoir — on ne vous cache rien —, est un autre critère de qualité. Si les chiens sont cachés et qu'on vous interdit l'accès à certaines pièces — à l'exception d'une maternité avec des chiots en jeune âge et des appartements privés —, la méfiance est peut-être de mise.

Le comportement du chien

Vous devez pouvoir rester quelques heures dans l'élevage à observer le chien sur lequel s'est porté votre choix. Comment est-il intégré dans le groupe ? Comment est-il socialisé aux chiens et aux gens ?

Posez des questions sur son histoire, sur sa vie en tant que chiot, sur ce qu'il a vécu. Essayez de savoir comment il a été enrichi. Posez des questions ouvertes plutôt que des questions auxquelles on peut répondre par oui ou par non.

Les concours auxquels a participé le chien

Si le chien a déjà participé à des concours, que ce soit des expositions, des compétitions, un concours de beauté ou un concours de travail, ses performances et contre-performances seront des faits connus. Les documents attestant ses résultats constituent un argument qui fera pencher la balance en faveur de son acquisition ou qui vous incitera au contraire à choisir un autre chien.

Les tests de comportement

Je vous invite à parcourir le chapitre portant sur les tests de comportement pour chiens adultes. Ces tests sont destinés aux chiens qui vivent dans une famille, mais certains d'entre eux peuvent être adaptés pour aider à la sélection d'un chien adulte.

Le test idéal reste de prendre le chien quelques jours à l'essai et de le tester dans toutes les circonstances où il devra vivre. On ne pourra pas juger de sa capacité à s'attacher à ses nouveaux propriétaires, mais on pourra évaluer ses capacités d'adaptation à des environnements variés.

Les documents

Que ce soit pour l'acquisition d'un chiot ou d'un chien adulte, il convient de remplir les documents de cession de propriété et de garanties. Si vous achetez un chien au prix fort dans un dessein particulier, peut-être serait-il sage de faire garantir par l'éleveur que le chien a toutes les qualités requises pour atteindre cet objectif, que ce soit la reproduction, les concours ou les expositions, ou simplement la vie de famille. Dans ce dernier cas, le chien devra être socialisé aux adultes, aux enfants et aux personnes âgées. Il ne devra pas craindre les bruits de la ville, il devra être propre, etc. À vous de faire la liste de vos exigences.

Adoption d'un chien de refuge

On ne peut avoir les mêmes exigences quand on adopte un chien de refuge que lorsqu'on achète un chien dans un élevage. L'adoption d'un chien de refuge est en partie liée au désir de porter secours aux chiens abandonnés. Cependant, il faut savoir que près de 80 % des chiens de refuge s'y trouvent parce qu'ils présentaient un désordre comportemental. Peut-être s'agissait-il d'une pathologie individuelle, ou peut-être que ce dérèglement était attribuable à une mauvaise relation avec la famille d'accueil? Comment le saurez-vous?

Même un chien très gentil en refuge peut ne pas être habitué aux enfants ou aux nouveau-nés, aux chats, aux volailles, aux bruits de la rue. À cet égard, observer un chien en refuge n'est pas suffisant. Toutefois, la vie en refuge permet de déterminer la capacité du chien à vivre en groupe, et c'est déjà une excellente information.

La perte des rituels

Un chien de refuge a vécu en général dans une famille puis dans le refuge avant de venir s'installer dans votre famille. Cela fait au minimum trois environnements différents, chacun avec ses propres règles, ses propres rituels apaisants. Changer de milieu, c'est aussi changer de rituels, donc perdre l'effet apaisant des rituels de sa famille pour se retrouver avec des rituels d'une autre famille, mal compris, donc angoissants. Le chien de refuge traverse une période d'anxiété qui dure de trois à six semaines avant de s'adapter à sa nouvelle famille. Il peut se montrer calme ou agressif, mais ce n'est pas toujours sa vraie personnalité qui pointe. Après six semaines, on peut commencer à le découvrir tel qu'il est réellement.

Cette période peut déjà engendrer des conflits avec les adoptants. Il vous faudra faire preuve de beaucoup de tolérance et de patience. Il est nécessaire toutefois d'offrir au chien un cadre de vie clair pour faciliter son adaptation.

Si le chien continue de poser des problèmes au-delà de ces six semaines, il faudra consulter un vétérinaire comportementaliste.

L'adoptant

La personne qui adopte un chien, l'adoptant, le fait pour des raisons précises mais pas toujours conscientes. Adopter un chien quand on a un problème — même si ce n'est pas pour résoudre ce problème — peut conduire à des difficultés si le chien n'est pas à la hauteur de ses espérances. C'est le cas notamment :
- lorsqu'on est en deuil de son chien précédent ;
- lorsqu'on traverse un moment difficile de sa vie : séparation, deuil, retraite ;
- lorsque le chien doit combler un manque affectif.

Seuls quelques chiens peuvent remplir ce rôle de thérapeute pour une personne en souffrance. Lors d'un deuil, le chien peut accélérer le processus de deuil ; on l'appelle alors le «chien réparateur». Mais si le chien se montre insupportable, le processus de deuil est allongé, l'entente avec le chien peut en souffrir et l'épuisement nerveux et émotionnel guette le propriétaire. Il est très difficile de choisir un chien réparateur ou un chien thérapeute.

TROISIÈME PARTIE
L'instruction du chien

Le chien à l'école

C'est en respectant les étapes du développement du chien, ses modes de communication («parler chien») et les techniques efficaces de l'apprentissage que vous obtiendrez une insertion harmonieuse de votre chien dans votre famille et dans la société des humains. Il n'y a pas de recette miracle, il n'y a pas de chiens géniaux qui comprennent tout sans qu'on n'ait rien à leur apprendre; il n'y a que des éducateurs compétents qui font l'effort de se mettre au niveau du chien, de le comprendre dans son essence, afin de communiquer avec lui et, par là, d'améliorer ses performances, ses connaissances et ses compétences.

Même si le chien ne parle pas le français, ne le parlera jamais et ne comprendra qu'un nombre limité de mots, les principes généraux de son éducation demeurent très simples.

Principes éducatifs

Différents principes sous-tendent le cadre éducatif. Ce cadre doit être clair pour le chien: c'est blanc ou noir, c'est oui ou non. Le gris, le flou, l'hésitation, l'ambivalence conduisent au désastre, à l'anxiété, à la désobéissance, à la délinquance.

1. Le 1er *principe* consiste à établir un lien d'amitié et d'autorité avec le chien; c'est pourquoi il faut «parler chien» et respecter les contraintes (notamment hiérarchiques) discutées dans un chapitre antérieur.

2. Le 2e *principe* est le conditionnement. Il suffit d'associer un comportement avec un mot, toujours le même, pour que le mot devienne significatif.

3. Le 3e *principe* est la récompense. Tout comportement suivi d'une récompense se produira plus souvent et avec plus d'intensité.

4. Le 4e *principe* est la punition. Attention! c'est une technique éducative qui s'assortit de règles précises.

5. Le 5e *principe* est la constance. Il convient d'utiliser toujours les mêmes mots, les mêmes gestes pour les mêmes ordres.

J'ai préféré diviser l'analyse de l'apprentissage en plusieurs chapitres :

- La récompense
- La punition
- Les autres éléments de théorie
- L'apprentissage en pratique (deux chapitres)

American Staffordshire Terrier de 6 mois.

La récompense

Définition

Une récompense peut être définie comme une stimulation — quelle qu'elle soit — qui permet d'intensifier un comportement. En psychologie scientifique, on appelle ce phénomène un renforcement positif. Pourquoi? Parce que le comportement est renforcé positivement, c'est-à-dire augmenté en fréquence, et/ou en intensité et/ou en durée. Une récompense entraîne «plus de comportement».

Si vous dites «bon chien» à votre chien quand il s'assied et que cela le fait s'asseoir plus vite, plus souvent, plus longtemps, alors «bon chien» est une récompense.

Quelle récompense?

N'importe quoi peut être une récompense, du moment que cela entraîne «plus de comportement».

On a trop souvent tendance à définir la récompense en fonction de critères humains, anthropomorphiques. On dira ainsi qu'une récompense, c'est:

- une caresse;
- un aliment;
- dire «c'est bien»;
- dire «bon chien»;
- caresser le chien quand il obéit.

C'est vrai et c'est faux. Tous ces stimuli peuvent être des récompenses, et tous peuvent ne pas en être. Tout dépend des effets qu'ils ont sur le comportement. *La récompense sera qualifiée par son efficacité.*

Revenons un court moment à la psychologie expérimentale. Aucun animal de laboratoire auquel on apprend des trucs inouïs et bizarres ne travaille gratuitement. Seuls vous et moi travaillons gratuitement, mais pas sans valorisation. On obtient une valorisation morale, éthique, à travailler bénévolement. Mais sans valorisation, ce travail ne se fait plus. La seule récompense est celle qui est efficace.

Quelle sera la récompense, le stimulus efficace pour votre chien? En règle générale, la récompense est une gratification qui sort de l'ordinaire. Une caresse ne suffit pas; un morceau de fromage, du saucisson, même du chocolat (en toute petite quantité) peuvent se révéler très efficaces si le chien produit « plus de comportement » pour obtenir cette gratification. On distingue plusieurs types de récompenses:

- la récompense consommable, alimentaire: une petite bouchée d'un aliment extraordinaire;
- la récompense sociale et affective: une attention sociale extraordinaire, par exemple une caresse pour un chien qui n'est jamais caressé, ou un regard pour un chien que l'on ne regarde jamais;
- l'activité, le jeu: un jouet, une balle de tennis, pour autant que cela focalise l'attention du chien et le fasse réaliser des prouesses;
- la possession: obtention d'un objet, du contact privilégié avec une personne, etc.;
- la récompense symbolique: il s'agit alors de renforcements du second ordre. Je m'expliquerai plus loin.

Récompenser, avec quelle technique ?

La *récompense* accordée systématiquement après chaque marque d'obéissance permet au chien d'apprendre un comportement. Accordée de façon intermittente, une fois sur deux, sur trois, sur quatre ou au hasard, la récompense permet au chien de mémoriser l'ordre appris. L'utilisation des récompenses comprend donc deux étapes:

1. on récompense le chien chaque fois qu'il a obéi ;
2. on le récompense de temps à autre, au hasard, quand il a obéi.

Ces deux étapes permettent de renforcer des éléments distincts. Dans un premier temps, la récompense systématique permet d'accélérer les apprentissages. Dans un second temps, la récompense intermittente, aléatoire, lui permet de mémoriser ces apprentissages, qui durent ainsi plus longtemps.

Il est donc erroné de penser qu'un chien que l'on récompense systématiquement n'obéira plus si on ne le récompense plus.

À quel moment récompenser ?

La récompense doit survenir juste après l'acte, ou la partie d'acte, à récompenser. Si vous désirez que le chien s'assoie à l'ordre « assis », il faut le récompenser quand il s'est assis, immédiatement après. Si vous attendez une minute de plus, ce n'est pas « assis » que vous récompensez mais l'acte précédant la récompense, c'est-à-dire « rester assis » si le chien est resté en place sans bouger, ou « se lever » si le chien s'est déjà relevé.

De même, si vous désirez récompenser une élimination sur la pelouse à l'extérieur (alors que le chien urinait dans la maison, par exemple), il ne faut pas attendre d'être de retour à la maison, 5 minutes plus tard, pour récompenser le chien et lui dire « c'est bien d'avoir uriné dehors » ; c'est en *flagrant délit de bonne action* qu'il faut le récompenser, c'est-à-dire juste après l'acte.

Faut-il récompenser pendant l'acte ? On peut le faire, mais alors, c'est la partie de l'acte qui précède la récompense qui est renforcée, et non l'acte au complet. Pour une élimination, la séquence ne peut pas être divisée, et c'est après l'acte que l'on récompense. Pour une séquence complexe, on peut récompenser progressivement des actes de plus en plus élaborés, de plus en plus complets. Si l'on désire que le chien se couche, s'assoie ensuite, se couche à nouveau, se mette sur le dos, tourne sur le dos, se relève et se rassoie, on peut récompenser séparément chacun de ces actes, les mettre ensuite en séquence, récompenser les actes plus compliqués avant de se limiter à ne récompenser que la séquence complète. C'est ce que l'on appelle du « façonnement » *(shaping)*. Nous y reviendrons.

Renforcement positif de premier et de second ordre

 Le renforcement positif de premier ordre est cet élément intéressant et recherché qui apparaît ou qui est ajouté lorsque le chien présente le comportement désiré. Ce peut être, nous l'avons vu, de la nourriture, un contact, des félicitations, une attention, l'accès à un jouet. La psychologie expérimentale a démontré que seuls les renforcements *extraordinaires*, c'est-à-dire ceux qui sortent de l'ordinaire de l'animal, sont efficaces. Dès lors, sont extraordinaires et donc considérés comme des récompenses :

- la caresse pour le chien qui n'est jamais caressé et qui a besoin d'attention ;
- les félicitations d'une voix chaleureuse pour le chien qui a besoin d'amour ;
- l'aliment ordinaire pour le chien affamé ;
- l'aliment spécial pour le chien familial, nourri, caressé et aimé ;
- le jouet pour le chien qui a envie de jouer.

Ainsi, seuls les chiens de chenil, les chiens mal-aimés ou les chiens en manque d'affection seront véritablement récompensés par une caresse et des félicitations verbales. Les chiens de famille ont pour leur part besoin de stimulations plus extraordinaires.

 Un renforcement positif de second ordre est un élément symbolique qui a été associé à un renforcement de premier ordre et qui signale l'arrivée du renforcement de premier ordre. Le tableau suivant éclairera mon propos.

Ordre auquel il faut obéir	Obéissance	Récompense extraordinaire, de premier ordre	Récompense symbolique, de second ordre
« Assis »	le chien s'assied	biscuit	—
« Assis »	le chien s'assied	biscuit	« c'est bien »
« Assis »	le chien s'assied	—	« c'est bien »

Ici, « c'est bien » est devenu une récompense symbolique. Il y en a d'autres : les claquements de lèvres, les mots symboliques « bon chien », les « cliquetis » (petits bruits secs produits par des « cliquettes » ou autre objet enfantin constitué de deux lames métalliques) et sifflements qui ont été associés à une vraie récompense extraordinaire dans l'éducation de l'animal.

On ne doit pas s'attendre à un bon renforcement positif de second ordre chez un chien débutant.

Chiens de travail

J'ai lu dans des règlements pour chiens de travail qu'ils risquaient d'être exclus d'une épreuve de brevet si le conducteur leur présentait de la nourriture. En revanche, ces chiens pouvaient être récompensés, mais pas par des objets, et seulement entre les exercices.

On ne peut que se féliciter de voir mentionnée l'utilisation de récompenses. Mais étant donné les nombreuses exclusions dont elles sont l'objet — nourriture, objets, jouets —, que reste-t-il comme récompense permise et efficace :
• les félicitations verbales ;
• les contacts tactiles et les caresses ;
• les sifflements, onomatopées et autres productions vocales ;
• la bonne humeur du conducteur ?

De plus, ces récompenses ne peuvent être accordées après l'acte, mais seulement entre les exercices, donc quelque temps après l'acte à récompenser. Quelle est encore leur efficacité ? Les chiens de travail devraient être soumis au même protocole que les autres chiens et obtenir, dans l'ordre :
1. des récompenses de premier ordre continues ;
2. des récompenses de premier ordre intermittentes, associées avec des récompenses de second ordre continues ;
3. des récompenses de second ordre intermittentes.

La clinique quotidienne

Je passe parfois une heure en consultation à expliquer à un propriétaire de chien comment récompenser. Un jour, une propriétaire, après de nombreuses explications, m'a annoncé son intention d'«augmenter son chien», dans le sens d'augmenter son salaire. J'ai su que j'avais fait du bon travail.

Rappelez-vous que personne ne fait rien pour rien. Notre monde occidental a basé ses techniques d'apprentissage sur la coercition et la punition; la récompense ne constitue qu'environ 20% des méthodes éducatives. Je propose de renverser les chiffres et d'utiliser la récompense à 80% et la punition à 20%. C'est efficace.

Schéma de renforcement de séquence du comportement nᵒ 5 dans une série de 10 comportements au jour 0 et au jour 10

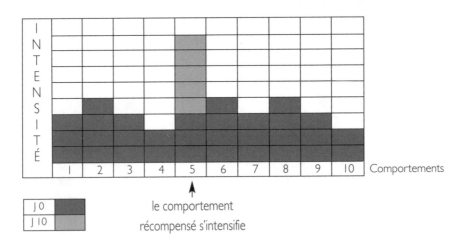

le comportement récompensé s'intensifie

Chaque comportement a son intensité propre, différente de celle des autres comportements. La récompense du comportement n° 5 augmentera normalement l'intensité de ce comportement sans influencer les autres.

Si le comportement récompensé est un ordre, par exemple « assis », qui est intégré dans un processus d'obéissance, le chien obéira plus facilement à d'autres ordres, sans apprentissage spécifique.

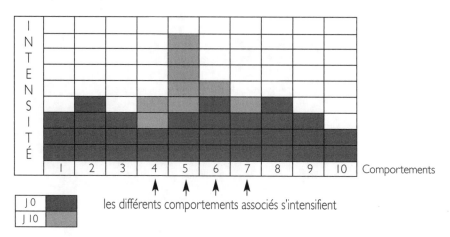

les différents comportements associés s'intensifient

La punition

Punir, est-ce moral ?

Punir a une connotation spéciale pour l'être humain. Ce mot renferme l'idée de justice, de vengeance, de moralité. « Il faut punir le chien qui a mal fait, qui a mal agi, et qui savait très bien qu'il ne pouvait agir de la sorte. » On est proche des procès intentés aux animaux au Moyen Âge ! Si on ne se débarrasse pas de ces idées morales pour revenir à une éthique d'éducation et d'apprentissage, on ne s'y retrouvera jamais.

Définir la punition

 La punition est une stimulation qui permet de réduire l'apparition d'un comportement, quelle que soit cette stimulation.

Par la punition, le comportement est atténué, c'est-à-dire diminué en fréquence, et/ou en intensité et/ou en durée. Une punition entraîne « moins de comportement ».

Je vais reprendre, de façon paradoxale, l'exemple donné au début du chapitre sur la récompense : si vous dites « bon chien » à votre chien quand il s'assied et que cela le fait s'asseoir moins vite, moins souvent et moins longtemps, alors « bon chien » est une punition.

C'est paradoxal, parce que personne ne s'imagine que dire « bon chien » puisse constituer une punition. Et pourtant…

Punir est une *technique éducative* qui présente des *règles précises*. La punition est une stimulation désagréable. Le chien ne désire pas la subir une nouvelle fois et, par conséquent, il reproduit le comportement puni moins souvent ou moins fort. Pour être efficace, la punition imitera au mieux les comportements punitifs des chiens entre eux.

Quelle punition ?

N'importe quoi peut être une punition, du moment que cela entraîne «moins de comportement.»

On a trop souvent tendance à définir la punition par des critères humains, anthropomorphiques, et à dire qu'une punition, c'est:
- une claque, un coup de journal sur le dos;
- dire «c'est mal»;
- dire «mauvais chien»;
- frapper le chien quand il a désobéi;
- secouer une boîte en métal pleine de cailloux.

C'est vrai et c'est faux. Tous ces stimuli peuvent être des punitions, et tous peuvent ne pas en être. Tout dépend des effets qu'ils ont sur le comportement. La punition sera qualifiée par son efficacité.

Revenons une fois de plus à la psychologie expérimentale. Un animal de laboratoire sera puni par des stimuli spécifiques, comme des chocs électriques, c'est-à-dire une stimulation désagréable, voire douloureuse, qu'il n'aura pas envie de ressentir à nouveau. Il évitera les circonstances et les comportements qui engendrent cette punition.

La seule véritable punition est celle qui est efficace. Mais attention! L'efficacité doit être réelle et en rapport avec le comportement sans casser le lien d'attachement, sans créer d'émotions négatives de longue durée. La seule punition valable est donc celle qui est efficace sur un comportement spécifique, sans influencer l'affectif, l'affection et la relation.

Quelle sera la punition, le stimulus, efficace pour votre chien? On distingue plusieurs types de punitions:

- Un contact désagréable ou douloureux : une intervention qui atteint le chien dans son corps comme le ferait la mère, par exemple, une morsure contrôlée à la face ou au cou et, par extension, une claque sur le museau, sur la face, sur les oreilles, une prise en main de la peau de la nuque avec abaissement du chien vers le sol. Par extension toujours, une claque, un coup avec un objet, une violente traction de laisse sur le collier étrangleur, une décharge électrique par un collier, etc.
- Une expression vocale et ritualisée : un grognement de menace de type dominant et, par extension, une engueulade, un « non » prononcé d'une voix forte et grave.
- Un stimulus social et affectif : un retrait social, une mise « hors jeu », hors du groupe, en isolement temporaire, pour un chien qui recherche constamment la compagnie.
- Une intervention symbolique : il s'agit alors de punition de second ordre. Je m'expliquerai plus loin.

Les effets temporaires de la punition

On a longtemps pensé que, si la récompense renforçait un comportement à long terme, la punition devait produire l'effet contraire, également à long terme. Ce n'est pas le cas. La punition n'est pas une symétrie négative de la récompense.

La punition n'est pas efficace à long terme, pas plus que la répétition des punitions. Pourquoi ? Parce que la punition n'a jamais appris au chien de nouveaux comportements, de nouvelles stratégies. Le chien qui est limité dans la production de ses comportements ne pourra rien faire d'autre que de les répéter, de récidiver, tant qu'il n'aura pas appris à se comporter autrement, à se comporter mieux.

Punir, avec quelle technique ?

Si, pour récompenser son chien, le maître a le choix entre le mode « systématique-continu » et le mode « intermittent-aléatoire », il en va différemment avec la punition. La punition aléatoire n'est pas efficace. La punition doit être systématique et continue.

L'efficacité de la punition est directement en proportion avec l'intensité et la durée du stimulus punitif. Cependant, la punition est d'autant moins efficace que le délai d'application du stimulus punitif est long.

À quel moment faut-il punir ?

Seule la *punition* administrée systématiquement pendant un acte fautif ou intolérable, en flagrant délit de mauvaise action, est efficace.

Règles pour une punition éducative :
1. Punir pendant l'acte délictueux (une seconde après, c'est trop tard).
2. Punir sans colère (la colère engendre la peur ou l'irritabilité).
3. Punir sans dire un mot, sauf « non ».
4. Punir physiquement. Les chiens se mordent le cou et les oreilles. Faites comme eux ! C'est très efficace, quoique pas toujours évident. Sinon, empoignez le chien par la peau du cou et forcez-le à se coucher ou à se retourner en position de soumission.

Pourquoi faut-il punir le plus vite possible ?
Plus le comportement est évolué, plus le chien monte en excitation, plus la punition doit être intense pour arrêter ce comportement. Il est donc préférable de punir le plus tôt possible, pendant un acte délictueux.

Dans les cas où le chien a des comportements productifs comme tirer sur sa laisse, aboyer, ronger un meuble, il se trouve dans un état d'excitation croissante. Plus la punition est tardive, plus il faut d'énergie pour contrer l'énergie du chien. Si une claque suffisait pour enrayer le comportement en début de séquence, il est possible qu'au milieu ou en fin de séquence cette même claque ne soit plus du tout ressentie comme punitive, mais simplement comme irritante, et qu'elle amplifie l'excitation du chien, aggravant le problème.

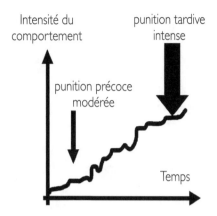

Intensité de la punition

Faut-il accroître ou diminuer la punition? C'est encore un procédé aussi courant qu'inefficace que d'augmenter progressivement l'intensité de la punition: on dit «non», on crie, on donne une petite claque sur le dos, on prend un journal, on frappe, on hurle.

La punition d'intensité progressive est peu efficace. En fait, l'excitation du chien monte en symétrie avec celle de la personne qui punit. C'est à celui des deux qui ira le plus loin, et le chien est presque sûr de gagner.

Il faut donc commencer par une punition d'intensité adéquate, assez forte pour stopper net un comportement. Ensuite, des interventions de plus en plus modérées suffiront généralement.

Voici comment on pourrait schématiser ce procédé.

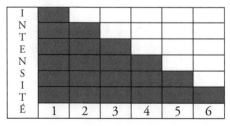

Décroissance progressive de l'intensité de la punition efficace.

Peut-on frapper un chien ?

Une claque retentissante est parfois bien salutaire. Encore faut-il qu'elle ne ressemble pas à une caresse, sinon elle pourrait être considérée comme une récompense. Il faut donc l'adapter à l'âge, au gabarit et à la personnalité du chien. En revanche, frapper un chien avec un bâton ou un journal n'est guère utile. Punir ne sert pas à se défouler, ni à se libérer de sa colère, ni même à faire mal dans l'intention de faire mal. Punir est un geste éducatif, et ce geste doit être approprié. Une claque sur le museau, retentissante mais peu douloureuse, sera efficace parce que surprenante, immédiate et désagréable.

Peut-on punir un chien de la main ?

 Les chiens se lèchent et se mordent avec la même gueule. Dès lors, vous pouvez sans crainte caresser et corriger de la même main. Le chien le comprendra très bien.

Punition de premier et de second ordre

La punition de premier ordre est réelle, physique, désagréable et surtout, efficace. Une punition de second ordre est un élément symbolique qui a été associé à une punition de premier ordre et qui signale l'arrivée de la punition de premier ordre. Le tableau suivant éclairera mon propos.

Ordre auquel il faut obéir	Désobéissance	Punition de de premier ordre	Punition de de second ordre
Marcher en laisse	le chien tire sur la laisse	traction brusque	—
Marcher en laisse	le chien tire sur la laisse	traction brusque	« non »
Marcher en laisse	le chien tire	—	« non »

Le «non» est devenu une punition symbolique. En voici d'autres exemples : les claquements de lèvres, les mots symboliques «mauvais chien», les «cliquetis» et sifflements qui ont été associés à une vraie punition dans l'éducation de l'animal.

On ne doit pas s'attendre à une bonne punition de second ordre chez un chien débutant.

Renforcement négatif

Le renforcement négatif désigne tout simplement cet élément désagréable, voire douloureux, que le chien réussit à éviter en produisant le comportement désiré. Il est souvent associé à la punition que le chien a reçue lorsque le comportement désiré était absent. Le chien apprend à «bien agir» en anticipant — en craignant — cette punition, car il veut l'éviter.

Si, par définition, on ne peut échapper à une punition, on peut anticiper et éviter un renforcement négatif. Ainsi, menacer un chien avec un journal roulé n'est pas une punition ; c'est un renforcement négatif, pour autant que le chien atténue le comportement non désiré. Mais ce n'est un renforcement négatif que parce que le chien a subi des punitions corporelles auparavant avec le journal, ou tout autre objet nécessitant de lever le bras.

Ainsi, un chien peut ne plus tirer sur sa laisse parce qu'il se souvient d'avoir subi des tractions violentes de la laisse sur son collier. Il n'obéit pas par envie de marcher au pied, mais par peur d'un désagrément. Ce n'est bien entendu efficace que dans un rapport — une ambiance — d'autorité et de force, et non dans un rapport de convivialité et de collaboration. Pour celles-ci, c'est la technique par récompenses qui s'avère la plus efficace.

La clinique quotidienne

Je passe parfois une bonne partie de la consultation de comportement à expliquer au propriétaire du chien comment punir. Cela fait partie des comportements observables en clinique : comment un propriétaire gère-t-il les comportements désagréables de son chien ? Si le chien est hyperactif, aboie, demande des caresses à en être envahissant, lève la patte pour uriner sur un pied du bureau, que fait le propriétaire, ou que ne fait-il pas ?

Parfois, je demande à un propriétaire l'autorisation de donner une claque à son chien. Si le chien me mordille, m'envahit, je n'hésite pas à lui administrer une claque retentissante sur le nez, sans dire un mot, sans colère. Le chien est très surpris. Parfois, il revient à la charge et reçoit une seconde claque. Souvent, les choses s'arrêtent là et le chien vient se coucher à mes pieds, comme s'il se sentait enfin sécurisé, parce qu'on lui a imposé des limites et qu'il n'a plus à prendre des décisions.

Certains propriétaires me demandent s'ils ont le droit de donner des claques à leur chien. Je les rassure et leur dis que oui, ils en ont le droit. Parfois, je fais une prescription de «claques». Mais jamais je ne prescris de claques sans prescrire aussi des récompenses.

Une question d'éthique

L'éthique est ce code de morale, de bonnes mœurs, que chacun se doit d'avoir. Elle peut être personnelle, professionnelle ou institutionnelle. Ce sont ces règles de morale que l'on impose à soi, à son travail ou à son institution. À chacun de définir son éthique au regard de la punition.

Mon éthique repose sur l'apprentissage différentiel, c'est-à-dire l'utilisation avec discrétion de récompenses et de punitions. Je vous rappelle que le monde occidental a basé ses techniques d'apprentissage sur la contrainte et la punition, et que la récompense ne compte que pour environ 20 % dans les méthodes éducatives. Je propose encore ici de renverser les chiffres et d'utiliser la punition à 20 % et la récompense à 80 %. C'est mon éthique personnelle, et c'est efficace.

Punir par objet interposé

L'homme est un être technologique. Il n'est pas étonnant qu'il ait inventé des technologies pour punir. La trappe à souris est un engin d'utilisation variable. Une fois enlevé le crochet qui pourrait blesser, la trappe devient un objet inoffensif pour des chiens de plus de 5 à 10 kg. Réparties autour d'un objet à protéger, les trappes pinceront la patte ou le museau qui s'en approchera. C'est une façon d'apprendre à un chien à ne pas voler le steak posé sur la table de cuisine. Il serait préférable que le chien reconnaisse le steak comme appartenant au dominant et qu'il le respecte. Et il serait aussi préférable de traiter la boulimie qui cause le vol de steaks. Notons que la trappe à souris a cette élégance qu'elle ne nécessite pas votre présence et qu'elle permet à l'objet défendu de se protéger tout seul. Attention, certains chiens s'amusent à faire sauter les trappes!

Le *collier électrique,* qu'il soit déclenché par l'aboiement du chien (collier anti-aboiement) ou par une télécommande dans les mains de l'éducateur, est une technique plus dure qui ne respecte pas mon éthique. Si l'intensité est trop faible, l'excitation ou l'agressivité du chien augmente. Le propriétaire s'attend aussi à un effet immédiat du type «tout ou rien» alors que la punition, nous le savons, agit parfois en réduisant un comportement de façon progressive; il intensifie alors la décharge. Si l'intensité est trop forte, le chien développe des peurs paniques dans les lieux où il a reçu une décharge. Une question importante est de savoir à quoi le chien associe la douleur provoquée par la décharge électrique. Si le chien aboie contre des enfants, la douleur sera-t-elle associée à la désobéissance à l'éducateur qui disait «non» ou à l'enfant? L'aboiement ne risque-t-il pas de se transformer en attaque? Cela s'est vu en clinique.

La *clôture invisible* consiste en un fil enterré autour de la propriété. Quand le chien s'en approche, un son se fait entendre. S'il poursuit sa route et franchit le fil, il reçoit, au moyen d'un collier spécial, une décharge électrique. Ce double processus, annonce de la punition et punition réelle, est efficace... pour certains chiens. D'autres tendent les muscles et courent au-delà du fil.

Schéma de punition de séquence du comportement nº 5 dans une série de 10 comportements au jour 0 et au jour 10

Jour 0

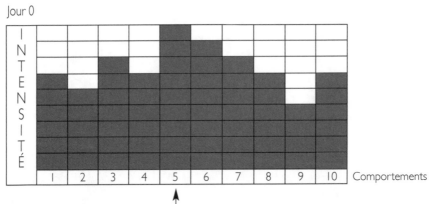

intensité du comportement avant punition

Jour 10

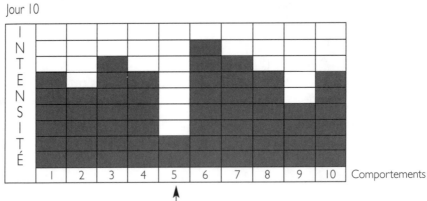

le comportement puni diminue en intensité

Le *collier-spray* éducatif n'est pas une technique punitive. Le jet d'air comprimé distrait le chien, qui devient alors réceptif à un ordre lancé par son éducateur. Le chien doit donc impérativement être soumis à un processus d'apprentissage différentiel.

Chaque comportement a son intensité propre, différente de celle des autres comportements. La punition du comportement n° 5 réduira normalement l'intensité de ce comportement sans influencer les autres comportements.

Instruire
Autres éléments de théorie

Les deux principes éducatifs que nous avons vus dans les chapitres précédents, la récompense et la punition, permettent déjà d'aller très loin dans l'éducation de son chien. Cependant, les amateurs éclairés désireront en savoir un peu plus et connaître les autres principes qui régissent l'apprentissage. Les principes que nous aborderons ici sont :

- la disruption ;
- le façonnement ;
- l'extinction ;
- l'habituation ;
- l'imitation.

La disruption, le stimulus disruptif

 Le stimulus disruptif, c'est toute stimulation qui permet de stopper pour un court moment une séquence de comportement. Ce n'est pas une punition, puisque le comportement reste inchangé en fréquence, en durée et en intensité dans le temps. Il est juste arrêté momentanément.

Le stimulus disruptif surprend, du moins assez pour interrompre un comportement. Voici quelques exemples de disruption :

1. Un chien gémit, demande à manger et regarde son propriétaire. Le téléphone sonne. Le chien est en alerte, cesse de gémir, regarde en direction du téléphone, puis l'état de vigilance passe. Ensuite, malgré la persistance possible de la sonnerie du téléphone, il se remet à gémir, demande à manger et regarde son propriétaire.
2. Un chien explore la salle de consultation, reniflant à gauche et à droite. Un aboiement retentit dans le lointain. Le chien s'arrête, lève la tête, et la penche sur le côté, le temps de l'aboiement, puis reprend son activité exploratoire comme si de rien n'était.
3. Au terrain de dressage, un chien doit se coucher à l'ordre. Il s'accroupit. Un chien voisin fait un mouvement brusque. Le chien s'arrête à mi-chemin de la position couchée, reste quelques instants accroupi, les membres fléchis, les oreilles dressées, la tête tournée vers l'élément perturbateur. Ensuite, il se met au coucher.

Dans ces exemples, la sonnerie du téléphone, un aboiement dans le lointain et un mouvement inattendu sont des stimuli disruptifs parce que la séquence comportementale a été stoppée un court moment et reprise ensuite. Le stimulus disruptif introduit un temps d'arrêt dans une séquence comportementale, il insère un « blanc ».

Voici une séquence comportementale de 10 actes successifs d'intensité variable.

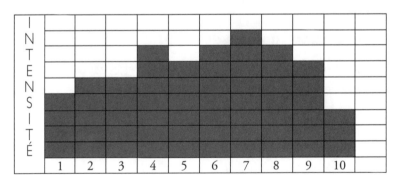

actes comportementaux

Voici la même séquence, cette fois interrompue
par un stimulus disruptif (SD) après l'acte n° 5.

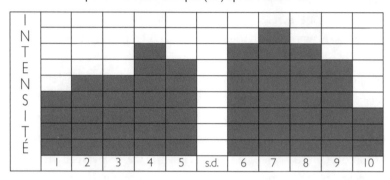

arrêt de la séquence par stimulus disruptif

Finalement, voici encore la même séquence, interrompue
par un stimulus disruptif après l'acte n° 5 et suivie cette fois
d'une nouvelle séquence comportementale.

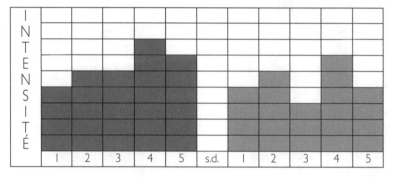

arrêt de la séquence par stimulus disruptif

La disruption ne serait d'aucun intérêt si elle ne pouvait être mise à profit pour stopper la séquence et enchaîner avec un autre comportement. Il suffit en effet que le propriétaire profite de l'interruption du comportement pour donner à ce moment au chien les éléments ou les stimulations nécessaires pour l'intéresser à un autre comportement.

Reprenons l'exemple du chien qui gémit, demande à manger et regarde son propriétaire. Quand le téléphone sonne, le chien est en alerte, s'arrête de gémir et regarde en direction du téléphone. Le propriétaire peut profiter de ce moment pour donner un ordre connu, par exemple « assis ». Le chien s'assied. Le propriétaire récompense son chien.

Le premier comportement a été stoppé et un nouveau comportement a pris sa place. Si rien d'autre ne se passe, le chien, ayant faim, peut recommencer sa séquence originale : il se remet à gémir, demande à manger et regarde son propriétaire.

Cependant, le propriétaire pourrait profiter de l'ordre « assis » pour lancer un second ordre, « couché », et récompenser le chien par le repas. Dès lors, le repas n'est pas donné en récompense des gémissements, mais en récompense de l'obéissance aux ordres. Cela change toute la dynamique sociale et éducative. N'oublions pas que le demandeur est quelque peu dominant. Il est très différent d'obéir à son chien et de récompenser un ordre auquel son chien a obéi en lui donnant son repas.

Comment faire pour produire un stimulus disruptif à volonté ?

Comme le stimulus peut prendre n'importe quelle forme, toute information sensorielle peut produire cet effet, pour autant que cette information puisse stopper pour quelques instants, quelques (fractions de) secondes, le comportement du chien. Ainsi, le stimulus peut être :

- visuel : agitation d'un foulard coloré, lancement d'une balle…
- auditif : claquement de mains, sifflement, sonnerie…
- tactile : contact avec le chien, jet d'air comprimé…
- olfactif, gustatif : pulvérisation d'une odeur…

L'effet dépendra de la concentration du chien pendant l'activité. Sera-t-il possible de le distraire ? Beaucoup de propriétaires ont constaté que, si le chien s'intéresse à un autre chien ou qu'il suit une piste, il n'entend plus son maître et ne répond pas aux ordres. En fait, il ne désobéit pas ; il n'entend pas.

Un chien qui se concentre sur une activité n'entend plus son éducateur. Dès lors, qu'est-ce qui pourrait constituer un stimulus disruptif? Des techniciens ont mis au point un collier qui projette de l'air comprimé lorsqu'on actionne la télécommande. La technique est simple et efficace: il suffisait d'y penser! Vous pouvez vous procurer ce *collier-spray* appelé MasterPlusR (Dynavet) chez votre vétérinaire.

La technologie n'est rien sans les compétences. N'oubliez pas, une fois que l'air comprimé a été éjecté et que le chien a stoppé son activité, de réorienter son comportement en lui proposant une nouvelle activité plus intéressante et entrant en compétition avec l'ancienne. Elle devra être valorisante et valorisée.

On peut ainsi stopper un comportement de fugue, des aboiements territoriaux, l'ingestion d'aliments trouvés dans la rue ou dans les poubelles ou des conflits entre chiens au moment de la phase de menace, et proposer une courte séance d'obéissance, un jeu de balle, un intérêt pour le propriétaire plutôt que pour un élément extérieur.

Le façonnement

Imaginez un comportement complexe fait d'une suite d'actes variés. Je vous ai parlé de cette chienne à laquelle on demandait de se coucher, de s'asseoir, de se recoucher, de se mettre sur le dos, de tourner sur le dos, de se relever et de se rasseoir. Cette séquence est facile à apprendre. Pour cela, il ne faut pas attendre que le chien exécute la séquence complète avant de le récompenser. Sinon, comme aux jeux de hasard, vous pouvez attendre très longtemps avant de gagner.

Vous devez enseigner cette séquence progressivement. Vous pouvez même commencer par la fin si vous voulez. Le chien doit maîtriser chaque étape séparément. Admettons qu'il connaisse chacune des commandes de la séquence. Notre intérêt est de lui faire adopter un ordre précis dans le déroulement de cette séquence, et seule la séquence dans l'ordre sera récompensée. Le chien devra maîtriser les étapes une par une.

Dans le tableau suivant, j'ai indiqué la récompense par R+, pour «renforcement positif».

Couché	R+						
Couché	Assis	R+					
Couché	Assis	Couché	R+				
Couché	Assis	Couché	Sur le dos	R+			
Couché	Assis	Couché	Sur le dos	Tourner	R+		
Couché	Assis	Couché	Sur le dos	Tourner	Debout	R+	
Couché	Assis	Couché	Sur le dos	Tourner	Debout	Assis	R+

La récompense est continue et systématique. Ce n'est qu'au moment où le chien maîtrise la séquence complète, sans faire d'erreur, que l'on passe à un système de récompense intermittente aléatoire, et ensuite à une récompense symbolique constituée d'un ordre verbal ou d'un geste.

C'est la même procédure, mais cette fois en sens inverse, qui est utilisée pour apprendre au chien à jouer au frisbee. Pour que le jeu soit intéressant, vous devez tenter d'obtenir la séquence suivante : vous lancez le frisbee, le chien court pour l'attraper, il saute, happe l'objet en plein vol et vous le rapporte.

Si le chien a déjà appris le rappel et le rapport, il ne vous reste plus qu'à l'intéresser au frisbee, à le lui faire saisir au vol et à accroître progressivement la distance à laquelle vous lancez l'objet. Voici un exemple de procédure :

1. agitez le frisbee devant le chien jusqu'à ce qu'il le saisisse en gueule ;
2. lancez le frisbee à un mètre jusqu'à ce que le chien le saisisse au vol ;
3. lancez le frisbee à deux mètres jusqu'à ce que le chien le saisisse au vol ;
4. augmentez la distance à laquelle vous lancez le frisbee, tout en veillant à ce que le chien réalise la séquence adéquatement.

En un rien de temps, vous aurez un chien qui court 10 mètres ou plus, et se saisit d'un frisbee après avoir exécuté un saut très esthétique.

Tout comportement peut être façonné

Celui du chien, celui des enfants, celui du conjoint… Mais seul le chien nous importe ici, n'est-ce pas?

Il suffit de récompenser la partie du comportement qui vous intéresse et d'ignorer les autres. Prenons un exemple. *Votre chien accueille les visiteurs avec exubérance, il saute, il aboie, il hurle même.* Que faire?

1. Indifférence totale quand le chien hurle et saute: on ne le regarde pas, on ne le touche pas, on ne crie pas, bref, on ne le voit pas. Récompenser quand il ne hurle pas, par exemple seulement quand il aboie et garde les quatre pattes au sol.
2. Indifférence totale quand le chien aboie: on ne le regarde pas, on ne le touche pas, on ne crie pas, bref, on ne le voit pas. Récompenser quand il n'aboie pas, par exemple seulement quand il jappe et se trémousse.
3. Indifférence totale quand le chien jappe et se trémousse: on ne le regarde pas, on ne le touche pas, on ne crie pas, bref, on ne le voit pas. Récompenser quand il ne jappe pas, par exemple seulement quand il geint et agite la queue.
4. Indifférence totale quand le chien geint: on ne le regarde pas, on ne le touche pas, on ne crie pas, bref, on ne le voit pas. Récompenser quand il ne geint pas, par exemple seulement quand il reste silencieux et s'approche calmement.
5. Indifférence totale si le chien ne s'approche pas calmement avec la tête inclinée et le regard légèrement détourné (position d'apaisement). Récompenser s'il présente cette attitude.

C'est simple, n'est-ce pas? Il suffit de suivre la procédure suivante:

- On note le comportement observé.
- On note le comportement souhaité.
- On indique les étapes probables par lesquelles le chien passera.
- On détermine des étapes les plus courtes possible pour que le chien puisse maîtriser chacune d'elles.
- On note ces étapes dans un ordre précis.
- On programme les moments d'indifférence et les étapes à récompenser.

- On détermine les meilleures récompenses pour le chien.
- On met le tout en pratique.

L'extinction

Ce procédé éducatif est malheureusement peu utilisé. Il est pourtant très efficace, surtout avec un animal social. Que fait l'animal social ? Il recherche un contact social. Et ce contact lui sert parfois de récompense, de facteur de renforcement et d'encouragement.

Si votre chien accueille les visiteurs en hurlant, c'est parce que ce comportement est récompensé. Ce n'est pas que les visiteurs ou vous-même fassiez quoi que ce soit de négatif, c'est tout simplement que ce comportement est autovalorisé. C'est agréable pour un chien excitable d'avoir de la visite, c'est-à-dire du changement, de l'enrichissement dans le milieu de vie. Que faire alors ?

Rien, tout simplement. C'est la force de cette technique éducative : il ne faut rien faire. Mais *s'il faut ne rien faire, il faut bien le faire.* Je vous semble paradoxal ? Je m'explique, à l'aide de mon exemple. Si le chien est exubérant, vous ne devez lui donner aucun contact social, aucune information sensorielle. Comme il est impossible de ne pas communiquer, vous lui communiquez que vous ne voulez rien lui communiquer.

- Vous restez silencieux.
- Vous gardez les yeux fixés devant vous et évitez de regarder le chien. Si vous le croisez, vous regardez à travers lui, comme s'il n'existait pas. Rien ne vous empêche de regarder vos visiteurs.
- Vous gardez les mains dans les poches autant que possible ; le moindre mouvement des mains ou des bras vers le haut ou de côté constituerait une information. Rien ne vous empêche de serrer la main aux visiteurs ou de les embrasser.
- Vous restez sans émotion, extérieurement et intérieurement ; la moindre émotion est une information que le chien peut lire. Vous êtes sans colère, sans joie, sans haine pour le chien. Vous pouvez bien sûr être joyeux en accueillant vos visiteurs.

En l'absence de toute information pertinente, comment réagira le chien? Au début, il multipliera les propositions de communication, ou intensifiera ses comportements. En effet, si la communication ne passe pas, si vous êtes sourd, il faut donc intensifier la communication, crier en quelque sorte. Si vous restez toujours totalement indifférent, le chien changera de tactique, de technique, de rituel, et vous proposera autre chose. À vous alors de saisir votre chance et de façonner le comportement du chien dans la direction désirée.

Le tableau ci-dessous montre comment évolue le comportement lorsqu'est appliquée une technique d'extinction. Les chiffres donnent une indication des jours.

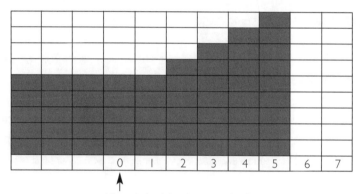

début de la thérapie par extinction

Dans notre exemple, le comportement s'intensifie pendant cinq jours puis, brusquement, disparaît totalement. C'est ce qui arrive le plus souvent en pratique. Il faut en être averti pour se préparer mentalement à résister une semaine.

L'habituation

Dans de bonnes conditions d'environnement, tout chien normal s'habitue aux informations qui circulent dans cet environnement. Un chien qui souffre de phobies, un chien anxieux, un chien hypersensible et hyperactif n'aura pas cette capacité, et il lui faudra subir un traitement médical pour y arriver. Mais parlons des chiens normaux.

La répétition d'une information entraîne de moins en moins de réaction chez le chien. En voici quelques exemples :

- Un bruit de casseroles dans la cuisine fait sursauter le chien. Le cuisinier répète souvent ce genre de maladresse et le chien réagit de moins en moins. Il s'y est habitué.
- L'orage gronde. Un coup de tonnerre retentit. Le chien est aux aguets, il se réfugie chez son propriétaire. L'orage persiste et dure. Le chien réagit de moins en moins. Après plusieurs orages, le chien ne réagit plus du tout. Il s'est habitué.
- Un ami vient à la maison et le chien, qui ne le connaît pas, va se cacher. Après une dizaine de visites, le chien a appris qu'il n'avait rien à craindre de cette personne, et ne se cache plus. Il vient même rechercher un contact, une caresse. Il s'est habitué.

Tout individu normal s'habitue. Si le chien ne s'habitue pas aux bruits de casseroles, aux coups de tonnerre ou aux visiteurs réguliers, s'il craint ces stimuli, en a peur, en a même de plus en plus peur, c'est qu'il est phobique. Il a besoin d'un traitement spécial.

Pour s'habituer, il faut des conditions particulières. Le graphique suivant explicite ce qui se passe lors d'une exposition à une stimulation nouvelle. L'émotion, la crainte, la peur augmentent d'abord avec le stimulus avant de décroître. *C'est la ligne continue sur le graphique.*

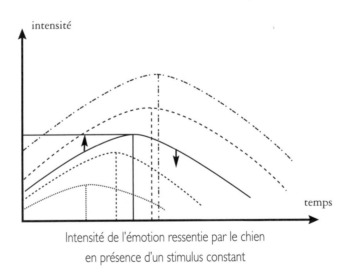

Intensité de l'émotion ressentie par le chien
en présence d'un stimulus constant

Un chien exposé à un orage peut d'abord ressentir la crainte, puis la peur, mais cet état ne persiste pas des heures si l'orage dure des heures. Après un certain temps, la réaction émotionnelle s'épuise et le chien se calme, et parfois même s'endort. Il s'est habitué.

À la prochaine exposition au même stimulus, le chien aura une réaction moindre. Il s'habitue de plus en plus à chaque exposition. *C'est la ligne pointillée sous la ligne continue.*

Que se passe-t-il si le chien peut échapper au stimulus rapidement ? Il se trouve alors dans la phase croissante de la peur et n'a pas l'occasion de s'habituer. À la prochaine exposition, sa peur sera plus grande. Au contraire de s'être habitué, le chien s'est sensibilisé. Il risque de développer une phobie. *C'est, sur le graphique, la ligne pointillée au-dessus de la ligne continue.*

Dès lors, pour s'habituer, il faut être exposé longtemps au stimulus. Mais longtemps, c'est combien de temps ? Cela varie d'un chien à l'autre, et avec la qualité de l'imprégnation dans le jeune âge. Disons que la durée de cette étape varie entre un quart d'heure et trois heures, parfois davantage.

Il vaut mieux aussi que le stimulus soit de faible intensité. Pourquoi ? Parce que cela diminue le temps nécessaire pour l'habituation. Donc, si vous voulez habituer un chien craintif à une braderie, un marché, une gare, des enfants, d'autres chiens, des bruits, il faut l'y exposer longtemps, sans lui permettre de fuir, mais dans de bonnes conditions, c'est-à-dire avec une intensité réduite du stimulus.

- Braderie, marché, gare : heures où l'achalandage est faible d'abord, important ensuite.
- Enfants, chiens : à distance de 50 ou 25 m, puis 10 m, puis 5, etc. ; des enfants et des chiens calmes d'abord, puis plus bruyants par la suite.
- Tonnerre : des enregistrements de bruits d'orage à bas volume, puis à volume croissant, avant d'exposer le chien à l'orage réel ; faire passer d'abord le son enregistré pendant des heures.

Pour qu'un chien puisse s'habituer, il lui faut un stimulus d'intensité faible ou moyenne et une exposition prolongée. Si, en plus, le stimulus est associé à un plaisir (une friandise, un jeu), alors le chien n'a pas vraiment d'autre choix que de l'apprécier et de s'y habituer.

L'imitation

Le chien apprend par imitation. Les chiots imitent leur mère, première éducatrice. Cette compétence nécessite un don d'observation, de représentation mentale et de reproduction. La reproduction n'est pas toujours parfaite, par exemple lorsque votre chien déterre toutes les plantes que vous vous appliquez à mettre en terre. Elle l'est davantage lorsque le chien attaque, dans une école de dressage, l'apache (le figurant, l'homme d'attaque) après avoir simplement vu ses congénères le faire. Cet élément est trop souvent oublié dans les clubs où éducation et dressage de défense se font en même temps dans des terrains contigus. Combien de chiens en apprentissage d'éducation et d'obéissance n'apprennent pas à attaquer par simple imitation ?

Quand on a deux chiens, lequel imite l'autre ? Il est très probable que les deux chiens s'imitent mutuellement. Cependant, les défauts s'imitent plus facilement que les qualités. Les pertes de contrôle et les manques éducatifs s'imitent plus aisément que les augmentations de contrôle et les gains éducatifs. Pour un chien qui s'assied en voyant un congénère ami s'asseoir, il y en a des centaines qui imitent de préférence les aboiements, les conduites d'agression, les vols d'aliments, etc. Dès lors, l'acquisition d'un second chien nécessite mûre réflexion.

Dans le cas d'un chien anxieux ou peureux, un autre chien équilibré, non peureux, peut jouer le rôle de professeur et entraîner le chien peureux à rencontrer l'objet de ses craintes. C'est ainsi que des chiens craintifs supportent plus aisément de sortir dans des endroits mouvementés qui leur apparaissent effrayants lorsqu'ils sont accompagnés d'un chien ami qui leur montre l'exemple. Le chien professeur devient alors un chien thérapeute.

Instruction pratique
Ordres de base

Quels sont les ordres de base que devrait connaître tout «chien-bon-citoyen»? Ce sont ceux qui suscitent les comportements qui lui permettent d'être à tout moment sous contrôle. J'ai déjà parlé du contrôle de soi ou autocontrôle. Sur le plan éducatif, cela exige en plus de se placer sous le contrôle de quelqu'un. Je vais parler des commandements suivants:

- «Non»
- «Assis»
- «Couché»
- «Reste»
- «Viens» ou le rappel.
- Ne pas sauter sur les gens.
- La marche en laisse.

J'intercalerai des commentaires sur la technique d'éducation la plus aisée et je terminerai avec un mot sur les écoles d'éducation.

«Non»

Le «non» est un ordre abstrait, un commandement d'arrêt, ce qui est bien plus complexe que des commandements de mise en activité.

Heureusement, il s'apparente, par la façon dont il est lancé, à un aboiement sourd. Dès lors, cet aboiement sert de stimulus disruptif, c'est-à-dire qu'il permet de stopper un comportement pendant quelques fractions de secondes, ce qui autorise le propriétaire à donner un autre ordre auquel le chien obéira peut-être et pour lequel il sera récompensé.

Si on crie «non» et que l'on se met en colère, le «non» est associé à la menace. Et la menace n'est pas éducative. Devant une menace, le chien dominé propose une posture de soumission ou d'apaisement, le chien dominant vous toise du regard de toute sa hauteur avant de vous remettre à votre place de dominé d'un pincement, et le chien challenger vous agresse à pleine gueule, vous laissant meurtri et déconfit.

Il en est de même des vocables «et alors!», «mauvais chien» ou tout autre synonyme éventuel.

On n'apprend pas au chien à s'asseoir

En réalité, on n'apprend pas au chien à s'asseoir, à se coucher ou à revenir : il le fait déjà très bien. Ces mouvements, inscrits dans la génétique du chien, sont spontanés et ils se perfectionnent par l'expérience. Ce qu'on apprend au chien, c'est à prendre ces postures spontanées à la demande. Il existe des techniques simples pour y arriver.

La technique la plus simple

Si vous voulez apprendre à votre chien à s'asseoir, à se coucher ou à revenir à votre demande, il faudra toujours le récompenser. Il ne sera pas nécessaire de le punir d'aucune façon. Il suffit de profiter de la position spontanée pour lui passer la commande et le récompenser. Je m'explique en découpant la séquence. Dans le tableau ci-dessous, vous pouvez remplacer le mot «position» par «assis», «couché» ou n'importe quel autre ordre, et adapter le texte en conséquence.

1		Le chien prend une position.	On dit «position».	On récompense.
2		Le chien prend une position. On dit «position».	On récompense.	
3	On dit «position».	Le chien prend la position.	On récompense.	

Trois étapes nous permettent ainsi d'arriver au résultat recherché, l'obéissance au commandement. Dans la première étape, l'ordre est donné juste après que le chien a pris spontanément la position. Dans la deuxième, l'ordre est donné en même temps. Enfin, dans la troisième étape, l'ordre est donné avant et le chien obéit. Chaque étape doit être répétée plusieurs fois avant que le chien associe les différents éléments. Voici un tableau récapitulant la marche à suivre.

1		Position spontanée	Ordre	Récompense
2		Position spontanée + ordre	Récompense	
3	Ordre	Position demandée	Récompense	

On peut ensuite compléter cette séquence de base par une séquence plus complète qui associe un ordre gestuel et une récompense symbolique. Le geste permet une communication à plus grande distance que la voix. Et la récompense symbolique peut être toujours disponible alors que ce n'est en général pas le cas pour un aliment très appétissant. Voici comment se compléterait la séquence.

1	Position spontanée	Ordre	Récompense
2	Position spontanée + ordre verbal	Récompense	
3	Ordre verbal	Position demandée	Récompense
4	Ordre verbal + gestuel	Position demandée	Récompense
5	Ordre gestuel	Position demandée	Récompense
6	Ordre gestuel	Position demandée	Récompense intermittente
7	Ordre gestuel	Position demandée	Récompense intermittente + symbolique
8	Ordre gestuel	Position demandée	Récompense symbolique

Cette procédure est applicable non seulement à l'assis, au coucher et au rappel, mais aussi à bien d'autres comportements : se mettre sur deux pattes (les deux pattes avant en «poirier» ou les deux pattes arrière), aboyer ou rester silencieux. La limite est imposée simplement par les comportements spontanés du chien et par… votre imagination.

« Assis »

Quand le chien s'assied spontanément, il faut dire «assis» et le récompenser. Ce n'est pas plus compliqué !

1		Le chien s'assied	«Assis»	Récompense
2		Le chien s'assied + «Assis»	Récompense	
3	«Assis»	Le chien s'assied	Récompense	

Ensuite, ou en même temps, vous pouvez passer d'un ordre verbal à un ordre gestuel, comme le bras ou l'avant-bras levé, main tendue, ou l'index en extension. Voici comment se modifierait la séquence.

1	Le chien s'assied	«Assis»	Récompense
2	Le chien s'assied + «Assis»	Récompense	
3	«Assis»	Le chien s'assied	Récompense
4	Main levée + «Assis»	Le chien s'assied	Récompense
5	Main levée (sans dire un mot)	Le chien s'assied	Récompense
6	Main levée (sans dire un mot)	Le chien s'assied	Récompense occasionnelle
7	Main levée (sans dire un mot)	Le chien s'assied	Récompense occasionnelle + récompense symbolique («clic», «c'est bien»)
8	Main levée (sans dire un mot)	Le chien s'assied	Récompense symbolique («clic», «c'est bien»)

Faut-il appuyer sur le dos du chien pour le faire asseoir ?

Ce n'est vraiment pas nécessaire avec la technique simple que je vous propose. Si vous le faites, le chien attendra peut-être la pression pour s'asseoir. Tout ce qu'on lui aura appris, c'est de s'asseoir à la pression sur le dos.

Comment faciliter l'assis spontané ?

C'est assez simple. Il suffit de proposer au chien un aliment appétissant, dans la main, et de placer celle-ci juste au-dessus de sa truffe. Il devra lever la truffe, et donc la tête. Si, en même temps que le chien lève la tête, vous avancez la main vers son cou, il sera obligé de reculer la tête et de s'asseoir. Cette main tendue est à l'origine de l'ordre gestuel : la main ou l'avant-bras levé.

« Couché »

Quand le chien se couche spontanément, dites « couché », puis récompensez-le. Ensuite, associez le bras levé à l'horizontale avec l'ordre. Finalement, symbolisez la récompense.

Pourquoi le bras à l'horizontale ? Probablement parce qu'il est naturel d'exécuter avec le bras à l'horizontale un mouvement de haut en bas pour signifier de s'abaisser, de se coucher.

1	Le chien se couche	« Couché »	Récompense
2		Le chien se couche + « Couché »	Récompense
3	« Couché »	Le chien se couche	Récompense
4	Main horizontale + « Couché »	Le chien se couche	Récompense
5	Main horizontale (sans dire un mot)	Le chien se couche	Récompense

6	Main horizontale (sans dire un mot)	Le chien se couche	Récompense occasionnelle
7	Main horizontale (sans dire un mot)	Le chien se couche	Récompense occasionnelle + récompense symbolique («clic», «c'est bien»)
8	Main horizontale (sans dire un mot)	Le chien se couche	Récompense symbolique («clic», «c'est bien»)

«Reste»

Il est très facile d'apprendre à un chien à rester en place. Il suffit d'attendre plus long-temps avant de donner la récompense. De cette façon, ce n'est plus la posture qui est récompensée, mais bien le temps d'attente entre la posture et la libération.

Voici un exemple. J'ai symbolisé la récompense par R+ (renforcement positif) et les secondes par ".

«Assis»	Le chien s'assied	R+		
«Assis»	Le chien s'assied	Attente de 5"	R+	
«Assis»	Le chien s'assied	«Reste»	Attente de 5"	R+
«Assis»	Le chien s'assied	«Reste»	Attente de 10"	R+
«Assis»	Le chien s'assied	«Reste»	Attente de 20"	R+
«Assis»	Le chien s'assied	«Reste»	Attente de 20"	R+ intermittente
«Assis»	Le chien s'assied	«Reste»	Attente de 20"	R+ intermittente et symbolique
«Assis»	Le chien s'assied	«Reste»	Attente de 20"	R+ symbolique

J'ai limité le « reste » à 20 secondes, mais on peut le prolonger jusqu'à plusieurs minutes en suivant la même procédure.

Le « reste » doit être associé à plusieurs ordres de base afin qu'il ne soit pas synonyme de « assis » ou de « couché ».

Ce commandement a des synonymes dont le « attends » lancé avant un repas, qui est associé avec un commandement tel que « go » ou « vas-y ». Il est très utile de pouvoir utiliser un ordre de temporisation comme le « reste » ou le « attends » avant le repas. Il est bien agréable de vivre avec un chien qui peut se contrôler, qui ne saute pas en tous sens lorsqu'on prépare son repas et qui ne se jette pas la tête dans l'écuelle avant même qu'elle soit déposée sur le sol, au risque de bousculer quiconque se trouve sur son chemin.

Le rappel

Dites le nom du chien, dites « ici », « viens » ou tout autre mot de votre choix, et récompensez le chiot ou le chien adulte quand il revient, que ce soit immédiatement ou après… une demi-heure. Ensuite, associez à vos mots l'ordre gestuel : un mouvement de bras qui vient taper contre la cuisse. Pourquoi ce geste ? Sans doute parce qu'il est très spontané chez l'humain de rappeler ses petits en claquant dans les mains ou en se tapant les cuisses avec la main.

1	Le chien revient auprès de vous	« Ici »	Récompense
2	Le chien revient auprès de vous + « Ici »	Récompense	
3	« Ici »	Le chien revient auprès de vous	Récompense
4	Tapotement de la cuisse + « Ici »	Le chien revient auprès de vous	Récompense

5	Tapotement de la cuisse (sans dire un mot)	Le chien revient auprès de vous	Récompense
6	Tapotement de la cuisse (sans dire un mot)	Le chien revient auprès de vous	Récompense occasionnelle
7	Tapotement de la cuisse (sans dire un mot)	Le chien revient auprès de vous	Récompense occasionnelle + récompense symbolique («clic», «c'est bien»)
8	Tapotement de la cuisse (sans dire un mot)	Le chien revient auprès de vous	Récompense symbolique («clic», «c'est bien»)

Il ne faut jamais punir le chien qui revient, même tard après l'ordre. Et il convient de renvoyer régulièrement le chien au jeu après le rappel, pour qu'il n'associe pas le rappel avec une mise en laisse, et celle-ci avec une privation de liberté, une frustration.

Ne pas sauter sur les gens

Le chien saute pour «dire bonjour» face à face, pour rapprocher sa tête de la vôtre.
- S'accroupir pour l'accueillir évite qu'il n'apprenne à sauter.
- Lui laisser même dans la maison un collier et une laisse légère et mettre le pied sur la laisse l'empêche activement de sauter.
- Récompensez-le quand il a les quatre pattes au sol, dites «terre», «sol», ou n'importe quel autre mot de votre choix, tout en disant «non» — ou en le punissant — quand il saute.
- Soyez indifférent quand il saute et récompensez-le quand il a les quatre pattes au sol, tout en disant «terre» par exemple.

La marche en laisse

Dans une meute, un seul des chiens guide le groupe. Ce chien-guide n'est pas toujours le dominant; c'est parfois l'individu le plus expérimenté, mâle ou femelle.

Le principe de la marche en laisse est que votre chien marche à vos côtés sans se laisser distraire par tout ce qui se passe autour de lui. Ce n'est pas évident, car la promenade, c'est aussi une découverte, un plaisir, une reconnaissance des traces laissées par d'autres chiens. Un peu d'indulgence est nécessaire. La promenade n'est pas un exercice militaire, mais un plaisir commun. La marche au pied exige du chien énormément de concentration; elle doit dès lors être limitée à des périodes de une à trois minutes, le reste étant constitué de balade agréable et conviviale où l'on permet au chien de s'oxygéner et de capter tous les messages olfactifs et visuels qu'il rencontre.

Si vous êtes reconnu comme l'individu dominant, cela ne posera guère de problèmes. Plusieurs techniques sont à votre disposition. En voici deux, la première ayant ma préférence.

1. Parler abondamment pour attirer l'attention du chien sur vous. Pour tester votre habileté, attachez le chien avec une simple ficelle. La laisse est symbolique; c'est votre personnalité qui doit captiver le chien.

2. Sévir quand le chien vous dépasse ou s'égare sur les côtés. Pour sévir, vous avez le choix entre (A) la traction de laisse et (B) la claque sur les fesses (à l'aide d'une badine ou de l'extrémité libre de la laisse).

Comment effectuer la traction de laisse? Beaucoup d'éducateurs tirent dans le sens contraire de la marche du chien. Le chien tire en avant, l'éducateur tire en arrière. Si un chien de 20 kg tire en se déplaçant à une vitesse de 20 kilomètres à l'heure, soit environ 5 mètres à la seconde, il vous faudra une force de 100 kg, soit la masse multipliée par la vitesse, simplement pour le retenir. Autant dire qu'il faut être fort ou rapide, car une simple traction du bras y suffirait-elle? Si votre bras pesait 5 kg, il vous faudrait une vitesse de traction de 100 km/h pour compenser! De plus, la traction en sens inverse a comme point d'appui la trachée du chien; cette technique présente donc des risques de traumatisme aigu ou chronique à la trachée. Que faire alors?

Il faut tirer perpendiculairement à l'axe du chien. Si le chien tire vers l'avant, il faut exercer une traction à 90 degrés, de côté. Pour cela, il faut tenir la laisse dans la main opposée au côté où marche le chien. Si vous êtes droitier, le chien doit marcher à votre gauche et la laisse doit être tirée par la main droite, du centre vers la droite. De cette façon, vous utilisez, comme en judo, la force de l'adversaire à votre profit. Plus le chien tire, plus vous avez de force !

La traction sur une laisse attachée à un collier coulissant constitue une méthode punitive. Comme avec n'importe quelle punition, il faut y aller plus fort au début et poursuivre avec des interventions de moins en moins fortes. Finalement, de légères tractions seront suffisantes pour transmettre au chien une information, non plus punitive et négative, mais de correction positive.

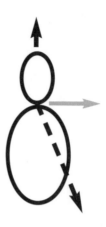

Traction sur la laisse
Les deux ovales représentent un chien. La flèche verticale vers le haut = la force et la direction de traction du chien. La flèche oblique vers le bas à droite = la traction réalisée sur la laisse par la majorité des éducateurs. La flèche sur le côté, vers la droite = ce que je conseille : une traction perpendiculaire au sens de traction du chien.

Enfin, il faut insister sur la rapidité d'exécution. Un bon éducateur intervient et corrige le chien avant même qu'il ait mal agi, alors qu'un éducateur moins efficace attend que le chien ait déjà amorcé le comportement inadéquat ou incorrect pour intervenir. La différence tient à une fraction de seconde. Mettez de côté vos complexes, essayez d'être en symbiose avec votre chien et de prévoir ce qu'il va faire ; agissez, corrigez gentiment, avant même qu'il n'ait mal agi.

Quel est le matériel adéquat pour une bonne marche en laisse ?

Il existe sur le marché plusieurs types de systèmes conçus pour empêcher le chien de tirer sur sa laisse : le collier standard en cuir ou en nylon, le collier coulissant en cuir, la bride faciale, dite « collier chien gentil », le harnais anti-traction et le collier à pointes (à éviter absolument).

Il n'est pas nécessaire d'être sophistiqué. Un collier de cuir ou de métal aisément coulissant, une laisse en cuir ou en nylon feront très bien l'affaire. La bride faciale est intéressante pour les gens qui ne désirent pas investir dans l'apprentissage de la marche en laisse mais qui souhaitent néanmoins contrôler leur chien. Il est rigoureusement contre-indiqué de faire des tractions sur une bride faciale, sous peine de causer des lésions à la colonne cervicale.

Que penser des laisses à enrouleur ?

Ce type de laisse est responsable de nombreux accidents : le chien tourne autour des arbres ou des jambes, causant chutes et fractures, ou se jette sur la route entre les voitures, au risque de provoquer des accidents…

Les écoles d'éducation

Cette question importante est également très polémique. Suivant les pays, les éducateurs ont ou n'ont pas :
- de diplôme d'éducateur canin officiel ;
- de registre de commerce, de titularisation comme travailleur ;
- de responsabilité civile professionnelle ;
- de responsabilité légale et pénale.

En somme, suivant les circonstances, vous êtes en présence de personnes qualifiées ou non qualifiées. Cela ne remet pas en cause leurs compétences, grandes ou limitées selon le cas. Mais comment savoir si l'éducateur est qualifié ? Il suffit de le lui demander ! À chacun de prouver ses qualifications !

Cela étant dit, comment choisir une école d'éducation qui suit les principes que nous avons énoncés dans ce guide ? C'est assez simple. Vous vous baladez avec votre chien à proximité de l'école dont vous avez trouvé l'adresse.

- Arrêtez-vous à 100 m de l'école et tendez l'oreille : quel est le niveau moyen de bruit ? Entend-on crier ? Si l'on crie beaucoup, c'est que l'on apprend aux chiens à obéir quand on crie. Est-ce ce que vous souhaitez ? Si vous désirez apprendre à votre chien à obéir à une voix normale, cherchez une autre école d'éducation.
- Approchez du terrain et observez les techniques employées. Calculez le nombre de récompenses accordées et de punitions imposées aux chiens :
- 80 % de punitions et 20 % de récompenses, allez voir ailleurs ;
- 80 % de récompenses et 20 % de punitions, restez pour poursuivre votre observation.
- Demandez à pouvoir suivre une leçon qui vous servira de test. Les éducateurs semblent-ils compétents ? Si oui, expliquent-ils adéquatement ? Vous sentez-vous bien ? L'ambiance est-elle bonne ?

Si les réponses à toutes ces questions sont positives, posez-vous une dernière question :
- L'éducateur se présente-t-il comme un éducateur ou essaie-t-il de se faire passer pour un comportementaliste, un psychologue pour chiens, un spécialiste qui peut aussi régler des désordres comportementaux ? Dans ce cas, il doit montrer ses qualifications, ses diplômes. S'il n'en a pas, laissez-le parler. C'est sans doute un bon éducateur, et vous pouvez profiter de ses compétences, mais ne vous laissez pas avoir s'il tente de résoudre d'autres problèmes que ceux qui se rapportent à l'éducation du chien.
- S'il se présente comme un simple éducateur, alors vous avez trouvé la perle rare. Écoutez-le.

Instruction pratique
Convivialité

La convivialité est le plaisir de vivre ensemble ; elle nécessite de la tolérance et un respect mutuel. Un chien convivial a appris à se tenir en société. Voici les principaux points qu'il convient de lui enseigner :

* Ne pas mendier
* Silence, ne pas aboyer
* Se laisser manipuler
* Ne pas détruire
* Éviter la miction d'émotion
* Les lieux de couchage

Ne pas mendier

Je n'érige pas cette règle en obligation. Chacun fait ce qu'il veut, mais… Le chien dominant ne mendie pas ; en fait, il exige. Prenant une posture haute, il vient se servir ; inutile de lui tenir tête, vous risquez de vous faire mordre. Il viendra voler dans votre assiette. La chienne dominante s'appropriera sans complexe la chasse du chien dominant, et elle sera respectée. Le chien dominé produira des couinements et adoptera une posture basse, tête inclinée ; après une demande répétée et de longue durée, il obtiendra du dominant une croûte de fromage ou une autre friandise délectable. Mendier, c'est-à-dire tenter d'obtenir de la nourriture d'un autre, fait partie du répertoire comportemental du chien. Soulignons au passage que le chien qui mendie se met, par réflexe conditionné, à saliver, à baver.

Donner à qui demande, a faim, fait croire qu'il a faim ou qu'il est en manque fait partie du répertoire comportemental des humains. Certains d'entre eux croient aussi inconsciemment que l'amour passe par le don et que, s'ils ne donnent pas, leur chien ne les aimera pas. À chacun ses croyances. Le don fait partie des tentatives de séduction dans l'espèce humaine. Les parents donnent également le gîte et le couvert à leurs enfants. C'est pour toutes ces raisons que je ne peux ici que proposer des techniques. Chacun devra prendre ses propres décisions.

Mentionnons tout de même que dans la nature, l'acquisition de nourriture chez le chien dépend de la chasse et qu'il faut souvent une dizaine de parties de chasse pour obtenir une proie. L'acquisition de nourriture s'accommode donc assez bien d'une récompense intermittente et aléatoire. En somme, si vous donnez à table, ne fût-ce qu'une fois sur 10 demandes, le chien sera très fortement récompensé. Il est très facile d'encourager le chien à mendier et très difficile de l'en décourager. Pour prévenir la mendicité :

- ne donnez jamais à manger au chien à table ; servez-lui toujours son repas dans un endroit précis ;
- ne donnez jamais au chien à sa demande ; donnez-lui toujours quand vous l'avez décidé.

Pour guérir la mendicité :

- ne donnez plus jamais à table.

C'est la technique dite de l'extinction. Rappelez-vous le principe : après une période d'aggravation sensible, le comportement disparaît brusquement. On peut annoncer sans crainte de se tromper que *moins souvent le chien reçoit à table, plus longtemps il faut pour être quitte de sa mendicité*. Cela semble paradoxal, mais c'est la réalité. La mendicité du chien qui reçoit à chaque demande s'éteint 10 fois plus vite que celle du chien qui ne reçoit qu'à toutes les 10 demandes.

Un chien qui ne mendie pas peut être emmené partout, y compris au restaurant et sur la plage ou en pique-nique. Il n'ira pas mendier chez tout un chacun.

Silence, ne pas aboyer

L'aboiement, manifestation d'excitation, subit aussi les influences de la récompense et de la punition. Mais il est « autorécompensant », c'est-à-dire qu'il s'active lui-même et se récompense tout seul.

Les humains sont de grands bavards ; la voix est utilisée toute la journée. Le chien imite ses parents adoptifs, use et abuse de ses expressions vocales. C'est un apprentissage par imitation.

Si le mot « non » a été régulièrement utilisé comme stimulus disruptif ou punitif, il sera rapidement efficace pour stopper à distance un comportement tel que l'aboiement.

C'est vers l'âge de 8 semaines que les capacités vocales du chiot atteignent leur maximum. Ensuite, dans la nature, les aboiements diminuent, le chien sauvage adulte étant pratiquement silencieux. Dans la maison, l'intervention vocale des propriétaires favorise les aboiements. Comment limiter ceux-ci ?

* Quand le chien aboie, dire « non » ou punir ; dès qu'il se tait, dire « silence » d'une voix douce et récompenser.
* Se montrer totalement indifférent quand le chien aboie et ne s'occuper de lui que lorsqu'il est silencieux.

Pour distraire le chien un moment de son activité d'aboiement, de son excitation et de sa concentration sur un autre objet ou une autre personne, on peut utiliser l'une ou l'autre des techniques de disruption mentionnées plus haut, dont le collier à jet d'air comprimé. Une fois la séquence comportementale interrompue, il est plus aisé de recentrer l'attention du chien sur l'éducateur, qui entraînera son élève dans un autre processus, plus convivial.

Que faire quand le chien aboie lorsqu'il est seul ?

La première chose à faire est de déterminer si le chien est normal ou s'il souffre d'une pathologie du comportement et des émotions. Un vétérinaire comportementaliste pourra vous aider et, le cas échéant, prescrire un traitement approprié.

Que faire contre l'aboiement territorial ?

La technique générale exposée ci-dessus est aussi appropriée à ce type d'aboiement.

Vous pouvez provoquer le chien en demandant à un ami ou un voisin de venir faire du bruit devant votre maison. Le chien, excité, aboiera plus facilement. À vous alors de démontrer vos compétences éducatives : distrayez le chien en disant « non », focalisez son attention sur vous par un ordre précis (« assis ») et récompensez-le de son silence.

Que faire contre l'aboiement de menace ?

L'aboiement de menace fait partie, justement, de cette première séquence d'une agression qu'est la menace. C'est déjà une agression. Si cet aboiement est efficace et qu'il maintient le vis-à-vis à distance, le chien est récompensé. Très rapidement, il risque de devenir hyperagressif.

La technique générale pour faire cesser les aboiements peut être utilisée, mais elle ne suffira pas. Il faut resocialiser le chien à la personne contre laquelle il aboie ; il faut associer cette personne avec un sentiment positif. Après avoir été immergé avec cette personne à une certaine distance pendant 15 minutes — et jusqu'à 3 heures si nécessaire — on demandera à la personne de *s'accroupir, de détourner le regard et de tendre un aliment très appétissant au chien,* qui sera libre de venir ou non le prendre dans sa main. L'exercice sera répété jusqu'à ce que le chien se soit familiarisé avec cette personne.

Se laisser manipuler

La technique est on ne peut plus simple. Elle consiste à déposer le chiot sur une table, à le faire asseoir, à le maintenir calme, à faire glisser les mains sur son pelage, à lui pincer la peau, à entrouvrir ses mâchoires… pour ensuite le récompenser ! Commencez par deux secondes, puis doublez la durée de l'exercice à chaque séance.

Vous lui apprendrez ainsi à accepter toute manipulation, que ce soit l'administration d'un médicament à la maison ou l'examen de santé chez un vétérinaire.

En même temps, il s'agit pour vous de vous imposer en douceur (dominance) et pour le chiot de subir cette autorité (soumission), ce qui ne peut que renforcer votre image de « chef de meute ».

Brosser les dents

C'est une variante de la tolérance à la manipulation.

Une fois le chiot habitué à se laisser manipuler, utilisez une brosse à dents recommandée par votre vétérinaire et un dentifrice spécial pour chiens, et brossez-lui les dents deux fois par semaine. Commencez par deux secondes et doublez la durée de l'exercice à chaque séance. Autant commencer tôt, avant la formation du tartre et l'apparition des problèmes connexes.

Ne pas détruire

Comment éviter les destructions chez un chiot ?

* Le chiot disposera en permanence de quelques jouets en nombre limité (cinq au maximum) ; ceux-ci ne devront pas ressembler aux objets appartenant aux propriétaires (pas de vieille chaussure, par exemple) : une balle, un os en nylon (parfum de viande), un objet en caoutchouc dur indestructible...
* Chaque fois que le chiot s'emparera d'un objet interdit, il sera puni : vous direz « non » (sans colère), l'objet lui sera enlevé et remplacé par un de ses jouets.
* Le chiot sera encouragé à jouer avec ses objets personnels, soit par une caresse lorsqu'il les utilise, soit par une intervention du propriétaire dans le jeu. De cette façon, le chiot discernera rapidement les objets interdits des objets permis, il leur donnera un sens, une valeur sociale et hiérarchique, et respectera les choses appartenant aux dominants.
* Le chiot sera taquiné avec les objets interdits et, à chaque tentative d'appropriation, il sera puni d'un « non » ou d'une autre punition efficace. Dès qu'il jouera avec ses jouets et les mâchonnera, il sera encouragé au moyen d'une récompense réelle ou symbolique.

Et lorsque le chiot se retrouve seul ?

* On éliminera les risques de transgression de l'interdiction en retirant de l'environnement du chien tout objet destructible.

- Si le chiot isolé, en détresse, arrive à détruire un objet ou un vêtement, il en éprouvera une baisse de tension émotionnelle, c'est-à-dire une récompense. Celle-ci sera responsable d'une augmentation en fréquence et en intensité des destructions. À ce moment, il conviendra que l'objet punisse lui-même le chiot ; il faut évidemment, pour ce faire, recourir à certaines astuces, par exemple protéger l'objet par des souricières (trappes à souris, crochet enlevé pour ne pas blesser le chien).
- Si les destructions persistent alors que le chien arrive à la puberté, il faut consulter un vétérinaire comportementaliste. Le chien peut souffrir d'infantilisme, d'hyperactivité ou d'une autre affection.

La miction émotionnelle

Le pipi d'émotion est normal chez un chiot dominé. Il fait partie de la communication d'un état de soumission et d'infantilisme. Cette miction involontaire en présence des gens ou d'autres chiens peut être liée à plusieurs émotions ou états : la peur, la soumission, l'anticipation, l'excitation. Que faire ? Dans toutes ces circonstances, la conduite à adopter est la même :
- Il faut éviter à tout prix de se mettre en colère, même à l'intérieur de soi, car le langage du corps trahira à coup sûr ce sentiment. Cette colère augmente le risque de miction émotionnelle.
- Il convient de se montrer totalement indifférent au chiot. De cette façon, on ne répond pas à sa proposition de communication.
- On peut s'accroupir, détourner le regard (pour ne pas menacer ou dominer) et tendre un aliment au chiot. Manger est incompatible avec la miction.
- Il ne faut pas nettoyer en présence du chiot. Le programme de nettoyage n'existe pas dans le bagage comportemental du chien. De plus, pour nettoyer, on s'accroupit, on tapote le sol de la main, le haut du corps penché vers le sol, dans l'attitude typique de l'appel au jeu. Et si le chiot veut jouer, on risque de le refouler, soit parce qu'on est fâché, soit parce qu'on a peur qu'il gambade dans ses excréments. En pareille situation, la communication exprime deux émotions contradictoires : attrait (jeu) et rejet. Le chiot n'y comprend plus rien.

Les lieux de couchage

Voilà une question qui a fait couler beaucoup d'encre. J'ai très envie de vous dire que vous pouvez choisir vous-même l'endroit où couchera votre chien, mais certains lieux ont plus d'importance que d'autres en rapport avec la question de la hiérarchie. Je vous renvoie à ce chapitre important pour plus d'éclaircissements. Mais un certain nombre de points doivent être considérés.

- L'accès aux fauteuils. C'est important si le chien estime que c'est un privilège de dominant et s'il en défend l'accès. Sinon, faites à votre goût. Si vous avez décidé que le chien n'irait pas dans les fauteuils, soyez ferme et ne cédez jamais, même en présence d'invités. Et ne prenez pas le chiot dans vos bras quand vous êtes assis dans le fauteuil.

- L'accès au lit. Ici encore, ce n'est important que si c'est un privilège de dominant et que le chien en défend l'accès. Parfois, le chien s'y installe avec le propriétaire du sexe opposé, et le propriétaire du même sexe n'y a plus accès. Dans ce cas, le lit a une importance capitale dans un contexte de flirt.

- Les lieux de passage. Au risque de me répéter, dominance et contrôle d'accès vont de pair. Mais certains chiens se couchent dans le chemin et il faut les enjamber pour passer. Cela ne pose en général aucun problème d'agressivité ; le chien souhaite uniquement avoir de la compagnie. En revanche, s'il se montre agressif, il faut lui interdire cet endroit et le refouler dans un coin.

- Faut-il décider pour le chien ? Soyez tolérant et laissez le chien se coucher aux endroits qu'il juge confortables. Mais faites un compromis avec lui : il doit respecter certaines de vos exigences. S'il a des envies de dominer, imposez-lui un endroit périphérique, mais confortable. Sinon, faites ce que vous jugez bon de faire.

Tests de comportement
pour le chien adulte

Une foule de tests ont été élaborés pour différentes activités, notamment les activités sportives. Mon intention n'est pas de les passer tous en revue mais de vous proposer quelques tests simples pour le chien de famille. Vous ne trouverez donc pas ici de tests de mordant, de défense ou d'obéissance.

Qu'attend-on d'un chien de famille ?

- Une bonne intégration dans sa famille, donc un attachement, une familiarité appropriée et une position hiérarchique adéquate.
- Une bonne tolérance face aux manipulations.
- Une absence de peur des stimulations de la vie courante : les différents types de personnes, diverses espèces animales, les bruits urbains, etc.
- Une excellente adaptation à la nouveauté : présence d'inconnus même d'apparence bizarre, bruits incongrus, etc.
- Une bonne stabilité émotionnelle.
- Un excellent autocontrôle, une constante gestion de soi.
- Un excellent contrôle de tous les propriétaires sur le chien, à tout moment.
- Une intelligence élevée.

Les tests suivants intègrent des éléments de ces différentes catégories. Leur but est d'obtenir un pourcentage de convivialité, de bonne intégration sociale du chien dans la famille et dans la société des hommes.

Les catégories

Les lettres suivantes renvoient aux différentes catégories d'évaluation.
A: Adaptation
F: Familiarité et attachement
H: Hiérarchie
T: Tolérance
E: Émotions
C: Contrôle par le propriétaire
I: Intelligence
G: Gestion de soi, autocontrôle

Les tests

La première colonne indique le numéro du test, la deuxième, la catégorie ainsi que le numéro des différentes réactions possibles. La troisième colonne donne l'énoncé du test en italique et expose les différentes réactions du chien. Enfin, la quatrième colonne indique le score selon la réponse. Vous ne pouvez entourer qu'un score — le plus comparable à la réponse proposée — par question.

Vous devez prévoir entre 15 et 30 minutes pour l'ensemble de ces tests.

I	F	*Le chien est placé dans un milieu inconnu (un terrain nouveau pour lui) et entouré de personnes inconnues qui le tiennent en laisse. Le ou les membres de sa famille s'éloignent de façon visible et s'immobilisent à 25 m. Ils lui tournent le dos. Le chien est alors libéré sans un mot.*	
	1	Le chien se dirige directement vers sa famille.	5
	2	Le chien est totalement indifférent à sa famille.	0
	3	Le chien se laisse distraire par différentes personnes et activités et ne se dirige vers sa famille qu'après plusieurs minutes.	2

2	H	Le propriétaire caresse son chien sur la tête pendant 15 secondes, lui entoure la gueule des deux mains en serrant légèrement pendant 15 secondes, puis le chevauche pendant 15 secondes.	
	1	Le chien accepte la manipulation.	5
	2	Le chien se débat, refuse une des trois manipulations.	3
	3	Le chien refuse deux des trois manipulations.	2
	4	Le chien refuse toutes les manipulations.	1
	5	Le chien grogne, se raidit, prend une posture haute et menace de mordre.	0
3	C	Le propriétaire prend son chien en laisse et s'éloigne du groupe pour être relativement isolé des chiens et des gens. Il demande un «assis» de 10 secondes, suivi d'un «couché» de 10 secondes et d'un «reste» de 30 secondes pendant qu'il s'éloigne à reculons à 10 m. Il rappelle ensuite son chien au pied.	
	1	Le chien obéit à tous les ordres parfaitement.	5
	2	Le chien obéit à trois des quatre ordres.	4
	3	Le chien obéit à deux des quatre ordres.	3
	4	Le chien obéit à un des quatre ordres.	2
	5	Le chien ne réagit à aucun ordre.	1
	6	Le chien est indifférent à son guide.	0
4	E	Le propriétaire prend son chien en laisse et s'approche d'un groupe comprenant des gens et des chiens. Il laisse son chien libre d'explorer les gens et les chiens.	
	1	Le chien lance des appels au jeu à ses congénères et fait aux personnes un accueil silencieux avec queue battante.	5
	2	Le chien accueille les gens mais se raidit devant les autres chiens, surtout ceux du même sexe. Après une exploration mutuelle du derrière, ils amorcent un jeu ou sont indifférents.	3

	3	Le chien accueille ses congénères mais se raidit devant les gens ; il adopte une posture basse, queue abaissée, et semble craintif.	3
	4	Le chien manifeste des signes de menace.	2
	5	Le chien émet des signes de menace à l'endroit des gens et des chiens.	0
5	T	Le propriétaire s'éloigne du groupe de gens et de chiens avec son chien. Il laisse son chien libre en bout de laisse, sans ordre précis. Une personne inconnue du chien s'approche d'eux et salue le propriétaire en lui donnant la main, s'accroupit ensuite, parle au chien et avance la main pour le caresser au poitrail.	
	1	Le chien réagit avec plaisir, queue battante, corps trémoussant.	5
	2	Le chien se cache derrière le propriétaire, avec une posture basse.	3
	3	Le chien menace ou saute pour agresser la personne qui s'approche.	0
	4	Le chien accepte que la personne s'approche du maître mais refuse agressivement qu'elle le touche.	1
	5	Le chien est indifférent et regarde ailleurs.	3
6	A E	Immobile sur place, le propriétaire attire l'attention du chien avec une friandise pour que celui-ci soit de dos à une personne vêtue de vêtements très voyants — comme un costume de carnaval — qui s'approche en silence. À 10 m du chien, cette personne secoue brusquement une canette remplie de billes de verre ou de petits cailloux, sans pour autant menacer le chien.	
	1	Le chien sursaute, s'excite, puis se calme et réagit avec plaisir, queue battante, corps trémoussant.	5
	2	Le chien se cache derrière le propriétaire, avec une posture basse.	3
	3	Le chien se cache derrière le propriétaire, avec une posture basse ; ensuite, en moins de deux minutes, il s'approche pour explorer la personne.	4

	4	Le chien menace ou saute pour agresser la personne qui s'approche.	0
	5	Le chien est indifférent et regarde ailleurs.	2
	6	Le chien, tantôt menaçant, tantôt excité, aboie violemment, queue fouettante.	1
7	E	Le propriétaire tient son chien en laisse et le fait asseoir. Un inconnu vient à leur rencontre, portant un parapluie fermé. À 3 m du chien, il tend le parapluie vers le chien et l'ouvre brusquement, faisant un mouvement en avant pour se retrouver à 1 m du chien environ. Le parapluie est agité calmement devant le chien. Si nécessaire, le maître tente de calmer son chien.	
	1	Le chien sursaute, s'excite, puis se calme et réagit avec plaisir, queue battante, corps trémoussant.	5
	2	Le chien se cache derrière le propriétaire, avec une posture basse.	3
	3	Le chien se cache derrière le propriétaire, avec une posture basse; ensuite, en moins de deux minutes, il se calme, puis s'approche pour explorer le parapluie.	4
	4	Le chien menace ou saute pour agresser le parapluie et l'inconnu.	0
	5	Le chien est indifférent et regarde ailleurs.	2
	6	Le chien, tantôt menaçant, tantôt excité, aboie violemment, queue fouettante.	1
8	I E	Le propriétaire se met à quatre pattes et met sa tête entre ses bras. Il cache son visage à son chien et reste immobile.	
	1	Le chien est totalement indifférent.	0
	2	Le chien est intrigué, vient voir, renifler, explorer son maître, tout en agitant la queue.	5
	3	Le chien est apeuré et adopte une posture basse, queue entre les membres postérieurs.	2
	4	Le chien montre de l'agressivité.	0

9	H	Le propriétaire, debout, fait coucher son chien. Ensuite il	
	T	s'accroupit et le retourne sur le dos.	
	1	Le chien accepte la position sans problème.	5
	2	Le chien se tend, se débat, puis accepte la position.	4
	3	Le chien se tend, se débat, mord et n'accepte pas la contrainte.	1
	4	Le chien se débat, se tortille, mord, hurle, urine, défèque,	
		les pupilles dilatées : réaction de peur et d'intolérance à la contrainte.	0
10	F	Le propriétaire présente au chien un objet qu'il apprécie	
		habituellement beaucoup. Il le taquine un peu puis lance l'objet à	
	C	5 m, l'incitant à aller le chercher et à le rapporter. Le propriétaire,	
		immobile, rappelle son chien au pied, lui demande l'objet ou	
	H	le reprend dans sa gueule.	
	1	Le chien est manifestement content, va chercher l'objet, le prend en gueule, revient et donne l'objet à la demande ou le laisse tomber sur le sol.	5
	2	Le chien est manifestement content, va chercher l'objet, le prend en gueule, revient et garde l'objet en gueule malgré la demande.	4
	3	Le chien est manifestement content, va chercher l'objet, le prend en gueule et s'éloigne, revenant seulement à quelques mètres.	3
	4	Le chien est manifestement content, va chercher l'objet, le prend en gueule, revient, et provoque le maître en grognant, avec une posture haute.	1
	5	Le chien est indifférent ou légèrement excité mais ne cherche pas l'objet, restant près du propriétaire ou prenant une mauvaise direction.	2
	6	Le chien menace (agressivement) d'emblée, dès qu'il est taquiné avec l'objet.	0

Faites maintenant le total des points obtenus et multipliez ce total par deux. Le score final est sur 100. Un score parfait ne signifie pas un chien idéal. Cette note indique simplement le pourcentage de convivialité du chien dans la famille, avec son propriétaire.

Le chien idéal n'est rien d'autre qu'une idée, un prototype qui existe dans l'imagination de chacun et qui doit satisfaire des objectifs précis. Si vous désirez un chien de travail, peut-être que le chien convivial n'est pas le plus approprié pour vous.

L'enfant et le chien

C'est une question très souvent posée, et avec raison. Plus qu'une question, c'est tout un débat. Voici quelques éléments de réponse.

Offrir un chien à un enfant ?

Faut-il offrir un chien à un enfant ? Certaines situations suscitent cette réflexion :

- l'enfant en manifeste le désir ;
- le parent désire que son enfant soit éveillé au monde de l'animal.

La décision dépendra de l'âge de l'enfant, de sa capacité à prendre en charge l'animal, et de la réflexion que l'on aura en famille sur le devenir du chien — qui a une vie moyenne de 10 ans — lorsque l'enfant grandira et, jeune adulte, quittera la maison.

- Il s'agit d'une *décision* familiale. Et si, pour les apparences, le chien est dit « appartenir » à l'enfant, il appartient en fait à son groupe familial en entier. À aucun moment on ne pourra reprocher à l'enfant de négliger son chien, puisqu'il s'agit d'une décision du groupe.

- Il s'agit d'une *organisation* familiale. Je conseille de faire un contrat au sein de la famille, déterminant les rôles de chacun, pour une durée limitée. C'est-à-dire que le contrat sera réévalué tous les 3 ou 6 ou 12 mois, au choix des cosignataires. Ce délai sera inscrit au contrat.

- Il s'agit d'un *financement* familial. C'est la famille qui prend la charge financière du chien, de son alimentation, de ses frais vétérinaires, de ses vacances. On peut préciser dans le contrat ce que l'on attend de l'enfant ou de l'adolescent en fonction de son âge.
- Il s'agit d'une *gestion* familiale. Promener le chien, le nourrir, le sortir le matin, le midi, le soir, la nuit, le réconforter, le soigner, l'emmener chez le vétérinaire ou le toiletteur, l'éduquer, nettoyer les dégâts, et toute autre activité plaisante ou déplaisante seront réparties entre les membres de la famille suivant leur âge respectif, leurs possibilités (temps libre) et leurs compétences.

Quand vient l'enfant

Que faire quand on a un chien et que madame est enceinte ? L'enfant sera bientôt là. Comment le chien réagira-t-il ? Je conseille d'emblée une visite chez un vétérinaire comportementaliste pour déterminer les points suivants :

- Le niveau de socialisation et de sociabilité du chien aux enfants. Si le chien a été socialisé aux enfants et aux nourrissons et qu'il recherche leur compagnie, il n'y a pas lieu de s'inquiéter. Si, au contraire, il évite leur présence ou pire, tente de les agresser, un diagnostic très précis paraît indispensable.
- La stabilité émotionnelle du chien. Les vétérinaires comportementalistes disposent de tests pour évaluer ce critère.
- Le statut hiérarchique du chien. La chienne dominante peut kidnapper ou agresser l'enfant de sa propriétaire. Le chien dominant peut agresser l'enfant parce que ses privilèges d'attention sociale sont frustrés.

- Le niveau d'attention que le chien reçoit. Si le chien reçoit beaucoup d'attention, il en aura moins à partir de l'arrivée du bébé. Sera-t-il frustré? Mon conseil est de diminuer le niveau d'attention accordé au chien directement et progressivement, et de donner plus d'attention (paroles, caresses, jeux) lorsque l'enfant est présent et moins lorsqu'il est absent: l'enfant est alors associé à un surcroît d'attention.
- La préparation aux mouvements maternants. Les parents prennent le bébé dans leurs bras, le portent ici et là. Si vous désirez que votre chien s'y prépare, vous pouvez vous exercer avec des poupées ou des peluches. On peut pousser la plaisanterie jusqu'à utiliser des poupées qui pleurent et disent « papa » et « maman ».

Préparer la venue du bébé

Quand la maman est à la maternité, le papa peut apporter des langes souillés à la maison ainsi que les vêtements de la mère et du nourrisson. Il ne faut pas déballer les langes et les mettre sous le nez du chien. Son flair, un million de fois plus puissant que notre odorat, lui permet de capter toutes les informations même si les langes et les vêtements ne font que passer dans la maison.

Beaucoup de gens présentent le nourrisson au chien, attendant de lui une reconnaissance. De quoi, on peut se le demander. Dans la nature, la mère ne présente pas ses chiots nouveau-nés au reste de la meute; elle les garde à l'écart du groupe au moins trois à cinq semaines. Ce n'est que quand ils s'aventurent seuls hors du nid qu'ils rencontrent les autres adultes. Alors, faut-il ou non présenter le bébé au chien? Honnêtement, je ne sais pas. Ce qui est certain, c'est qu'il ne faut pas empêcher à tout prix le contact ni faire de grands gestes pour éviter que le chien ne vienne lécher l'enfant. Cela ne ferait qu'exciter le chien et lui signaler que l'enfant est un objet éventuellement dangereux.

L'enfant face au chien

L'enfant de moins de 3 ans est incapable de comprendre le langage du chien; il risque de ne pas respecter ses signes d'avertissement et de se faire mordre. Il ne faut pas exiger d'un enfant des compétences que son développement psychomoteur ne permet pas.

Des risques évitables

Avant toute chose, il faut signaler que le risque de morsures par des chiens est inférieur au risque d'intoxication par des médicaments et au risque de chute de la table à langer ou des bras d'un adulte, entre autres. Être aux alentours d'un chien n'est statistiquement pas un risque considérable. Mais chaque année, le rapport d'accidents nous incite à la plus grande prudence. La période des vacances augmente la fréquence de certains accidents parce qu'elle met en contact un plus grand nombre de chiens et d'enfants.

Les accidents sont causés par des bousculades, des griffures et des morsures. Des trois causes, la dernière est la plus dangereuse, bien entendu. Le risque augmente lorsque la différence de taille entre l'enfant et le chien s'accroît, au détriment de l'enfant. En d'autres termes, la morsure d'un grand chien est généralement plus redoutable que celle d'un petit chien, ce qui ne signifie pas que les grands chiens soient plus agressifs, loin de là.

Signes indicatifs d'un désordre du comportement, des émotions ou de l'humeur

J'ai travaillé avec des gardiennes d'enfants (puéricultrices) qui avaient des chiens afin de minimiser le risque lié à la présence de l'animal dans le milieu de garde. Il est important de conscientiser chacun aux risques éventuels. En effet, même le chien le plus équilibré peut présenter des variations d'humeur ou de tolérance au contact, ou encore souffrir d'une affection douloureuse et ne pas accepter une manipulation que d'ordinaire il appréciait.

Dans le tableau qui suit, les signes et symptômes comportementaux les plus fréquemment observés en clinique sont divisés en trois catégories :

1. Signes sans indication de risque pour l'enfant, mais le chien n'a pas un bon équilibre mental ou émotionnel.
2. Signes avec indication de risque pour l'enfant : le chien peut être dangereux pour un enfant.
3. Signes d'exclusion : il faut exclure la présence du chien de l'environnement dans lequel se trouve l'enfant. Aucun compromis n'est acceptable.

Comment utiliser ce tableau?
- Faites une marque dans la colonne de droite chaque fois que le comportement décrit s'applique au chien évalué.
- Si vous comptez trois signes de risque ou un signe d'exclusion, excluez le chien de l'environnement des enfants.
- Un total de cinq signes appelle un bilan comportemental par un vétérinaire spécialisé.

Signes sans indication de risque pour l'enfant

Corps	Halètements (respiration rapide) persistants en cas de stress	
	Diarrhées fréquentes sans relation avec une maladie ou des parasites	
	Vomissements fréquents ou bâillements excessifs (sans maladie)	
	Urines ou selles d'émotion (peur ou joie) régulières	
	Plaies ou poil décoloré — par léchage (pattes, corps)	
	Obésité (plus de 15% par rapport au poids de référence)	
Appétit	Insatiable, boulimique, mangerait tout le temps, vole souvent des aliments	
	Manque d'appétit, mange peu et reste maigre	
	Mange des objets non digestes : cailloux, jouets, feuilles…	
Boisson	Soif excessive (plus de 30 ml/kg ; ex. : plus de 1 L pour un chien de 30 kg)	

Nettoyage	Se lèche ou se mordille le pelage plus d'une heure par jour (au total)	
	Se ronge parfois ou souvent les ongles (plus d'une heure par jour)	
Sommeil	Dort plus de 12 heures par jour (sur 24 heures)	
Exploration	Ne bouge pas, n'explore pas, reste dans un coin (à la maison, dans la rue, en visite)	
	Parfois : évitements, échappements, fuite, peur (maison, rue, visite)	
Anxiété — solitude	Lorsque seul : gémit ou aboie/jappe, hurle, détruit, souille	
Vocalises	Aboie (jappe), hurle sans arrêt malgré les interdictions	

Signes avec indication de risque pour l'enfant

Appétit	Alternance entre périodes d'appétit et de perte d'appétit	
	Ne mange pas si son maître n'est pas présent pendant le repas	
	Agressivité : se raidit, menace, grogne ou mord lors du repas ou pour un os	
	Mange lentement (plus de 10 minutes), va et vient	

Motricité	Tourne sur lui-même, après sa queue, plus de 15 minutes par jour	
Éliminations	Urine ou défèque à des endroits non convenables — ou marquages à l'urine	
Sommeil	Dort moins de 8 heures par jour (sur 24 heures)	
	Réveils (jeux) nocturnes, insomnie, réveils brusques	
Exploration	Aux aguets : regarde tout, sursaute (parfois au point d'oublier d'uriner)	
Agression	Lors de manipulations, contraintes, toilettage, examen vétérinaire…	
Menace, se raidit	Par peur (lorsqu'il est dans un coin, sous un meuble…)	
Aboie, grogne	Pour défendre un lieu où il est couché	
Pince, mord	Pour défendre l'accès à une personne aimée	
	Pour défendre le territoire : maison, voiture… (à l'entrée ou à la sortie des gens)	
	Agressions et conflits réguliers avec des chiens ou des chats	
Apprentissages	Mordille intensément au cours des jeux (blessures), bouscule, mauvais contrôle	
	Agitation, nervosité, dans la maison ou la voiture	
Obéissance	N'obéit pas suffisamment ou moins qu'avant (têtu) — il faut répéter les ordres	
Sexualité	Monte sur les personnes (enfants), chevauche, prend le bras ou la jambe…	

Craintif, peureux	D'un ou de quelques stimuli apparentés : peur des bruits et/ou de l'orage, ou peur des gens, ou peur des chiens, etc.	
	De plusieurs stimuli différents : les bruits, et les gens, et les chiens, voire de tout	
Perception	Suit des yeux des objets invisibles (mouches, etc.)	

Signes d'exclusion

Crainte, agression	Présente un signe quelconque de crainte ou d'agression envers un enfant	
Agression	Mord sans grogner, sans menacer, sans aboyer, impulsivement	
Humeur	Change, alterne entre deux phases : (1) agité et agressif, et (2) normal	

Conclusion

Cet ouvrage devait être un guide pratique. J'écris « devait être », car cet objectif a été dépassé. Entre la première édition de ce livre aux Éditions de l'Homme et cette nouvelle publication chez Le Jour, éditeur, 19 années se sont écoulées pendant lesquelles vous, lecteur, avez fait de ce livre un *ouvrage de référence*.

Les connaissances évoluent. Le temps fait son œuvre. Un ouvrage de référence ne peut rester d'actualité s'il ne se remet pas en question et n'évolue pas lui aussi.

Vous m'avez mis au défi et j'ai relevé ce défi. Fort de mon expérience clinique de vétérinaire comportementaliste, j'ai écrit un nouveau livre. Mais j'entends déjà des velléités de protestation : « Il manque des informations ! » « Je veux en savoir encore plus ! » « Comment résoudre tel problème ? » Ces questions, je les attends, car ce livre n'est pas une encyclopédie. Les réponses serviront peut-être, comme ce fut le cas déjà, de base à de nouveaux ouvrages…

Bibliographie

Un auteur ne construit pas ses compétences tout seul sur une île déserte. Il est sans arrêt sous l'influence d'un livre, d'un article, d'une expérience clinique. Les idées s'enrichissent en étant intégrées à un processus de réflexion et à la pratique courante. Certaines idées ne passent pas ce test et sont rejetées, d'autres sont retenues et conservées en mémoire. Après un certain nombre d'années, il est devenu impossible de savoir qui peut se réclamer de la première bribe d'idée. Ce livre n'a fait que de rares emprunts, n'a utilisé des citations originales que de quelques auteurs. J'ai en revanche abondamment puisé dans mes livres précédents.

Dehasse, Joël, *L'éducation du chien, de 0 à 6 mois,* Montréal, Les Éditions de l'Homme, 1983.

Dehasse, Joël, *Chiens hors du commun,* Montréal, Le Jour, éditeur, 2ᵉ édition, 1996.

Dehasse, Joël, les livres de la collection « Mon chien de compagnie », Le Jour, éditeur.

Pageat, Patrick, *Manuel de pathologie comportementale canine,* Paris, Le point Vétérinaire, 1995.

Scott, John P. et John L. Fuller, *Dog Behavior: The Genetic Basis,* Chicago & London, The University of Chicago Press, 1965 ; Phoenix Edition, 1974.

Du même auteur

Dans la collection «Nos amis les animaux»:
L'éducation du chien, Montréal, Le Jour, éditeur, 1998.
L'éducation du chat, Montréal, Le Jour, éditeur, 2000.
Chiens hors du commun, Montréal, Le Jour, éditeur, 2e édition, 1996.
Chats hors du commun, Montréal, Le Jour, éditeur, 1998.

Dans la collection «Mon chien de compagnie»: 48 titres sur les races de chien.

Dans la collection «Guide pas bête»:
Mon chien est bien élevé, Montréal, Le Jour, éditeur, 2000.
Mon jeune chien a des problèmes, Montréal, Le Jour, éditeur, 2000.
Mon chien est-il dominant? Montréal, Le Jour, éditeur, 2000.

Dans la collection «Vivre avec nos animaux» :
Le chien qui vous convient, Montréal, Le Jour, éditeur, 2001

Aux éditions Vander (Bruxelles):
Le chat cet inconnu, Bruxelles, Vander, 1983.
Mon chien est d'une humeur de chien, Bruxelles, Vander, 1985.
L'homéopathie, pour votre chien, pour votre chat, Bruxelles, Vander, 1987.

Chez Delcourt Productions (Paris):
Ma vie de chat, Delcourt Productions, 1991 (dessins de Bruno Marchand).

Chez Publibook (Paris) :
Le chien agressif, 2002

Table des matières

le jour, éditeur

Affaires, loisirs, vie pratique

* **L'affrontement,** Henri Lamoureux
* **Les bains flottants,** Michael Hutchison
* **Conte pour buveurs attardés,** Michel Tremblay
* **La France à la québécoise,** André Bergeron et Émile Roberge
* **Le guide du répondeur bien branché,** Robert Blondin et Lucie Dumoulin
* **J'avais oublié que l'amour fût si beau,** Évette Doré-Joyal
* **Jean-Paul ou les hasards de la vie,** Marcel Bellier
* **Oslovik fait la bombe,** Oslovik
* **Questions réponses sur vos droits et recours,** François Huot

Animaux

L'amstaff (American Staffordshire terrier), Dr Joël Dehasse
Attirer les oiseaux, les loger, les nourrir, André Dion
Le bâtard, Dr Joël Dehasse
Le beagle, Dr Joël Dehasse
Le berger allemand, Dr Joël Dehasse
Le berger belge, Dr Joël Dehasse
Le bichon frisé, Dr Joël Dehasse
Le bichon maltais, Dr Joël Dehasse
Le bobtail, Dr Joël Dehasse
Le bouvier bernois, Dr Joël Dehasse
Le bouvier des flandres, Dr Joël Dehasse
Le boxer, Dr Joël Dehasse
Le braque allemand, Dr Joël Dehasse
Le braque de Weimar, Dr Joël Dehasse
Le bull-terrier, Dr Joël Dehasse
Le cairn terrier, Dr Joël Dehasse
Le caniche, Dr Joël Dehasse
Les caniches nains et moyens, Dr Joël Dehasse
Le cavalier King Charles, Dr J. Dehasse
Le chat de gouttière, Nadège Devaux
Le chat himalayen, Nadège Devaux
Chats hors du commun, Dr Joël Dehasse
Chiens hors du commun, Dr Joël Dehasse
Le chien qui vous convient, Dr Joël Dehasse
Les chiens nous parlent, Jan Fennell
Le chinchilla, Manon Tremblay
Le chow-chow, Dr Joël Dehasse
Le cochon d'Inde, Dr Michèle Pilotte
Le cockatiel (perruche callopsite), Michèle Pilotte
Le cocker américain, Dr Joël Dehasse

Ésotérisme, santé, spiritualité

L'astrologie pratique, Wofgang Reinicke
Les chemins de l'éveil, Dr Roger Walsh
Combattre la maladie d'Alzheimer, Carmel Sheridan
Dans l'œil du cyclone, Collectif
* **Échos de deux générations,** Sophie Giroux et Benoît Lacroix
La féminité cachée de Dieu, Sherry R. Anderson et Patricia Hopkins
Le grand livre de la cartomancie, Gerhard von Lentner
Jeûner pour sa santé, Nicole Boudreau
La méditation — voie de la lumière intérieure, Laurence Freeman
Le nouveau livre des horoscopes chinois, Theodora Lau
L'ostéoporose, Dr Miriam E. Nelson
\ **Où habite le bon Dieu?,** Marc Gellman et Thomas Hartman
La parole du silence, Laurence Freeman
* **Pour en finir avec l'hystérectomie,** Dr Vicki Hufnagel et Susan K. Golant
Le pouvoir de l'auto-hypnose, Stanley Fisher
La prière, Dr Larry Dossey
Prodiges et mystères de la vie avant la naissance, Dr P. W. Nathanielz
Questions réponses sur la maladie d'Alzheimer, Dr Denis Gauvreau et Dr Marie Gendron
Questions réponses sur la ménopause, Ruth S. Jacobowitz
Questions réponses sur les matières grasses et le cholestérol, M. Brault-Dubuc et
    L. Caron-Lahaie
Renaître, Billy Graham
Sagesse amérindienne, Dhyani Ywahoo
S'initier à la méditation, Manon Arcand
Une nouvelle vision de la réalité, Bede Griffiths
Un monde de silence, Laurence Freeman
Un mot dans le silence, un mot pour méditer, John Main
* **Le vol de l'oiseau migrateur,** Joseph Campbell
Votre corps vous écoute, Barbara Hoberman Levine

Essais et documents

* **1759 La bataille du Canada,** Laurier L. LaPierre
* **L'administration et le développement coopératif,** Marcel Laflamme et
    André Roy
* **Les années Trudeau — La recherche d'une société juste,** T. S. Axworthy et P. E. Trudeau
* **Le Dragon d'eau,** R. F. Holland
* **Elle sera poète, elle aussi !** Liliane Blanc
* **Femmes et politique,** Yolande Cohen, Andrée Yanacopoulo et Nicole Brossard
* **Les femmes sont-elles allées trop loin?,** Francine Burnonville
* **Hans Selye ou la cathédrale du stress,** Andrée Yanacopoulo
* **Hiérarchie ethnique dans la grande entreprise,** Jean-Marie Rainville
* **L'histoire des femmes au Québec,** Le collectif Clio
* **Jacques Cartier - L'odyssée intime,** Georges Cartier
Jésus, p.d.g. de l'an 2000, Laurie Beth Jones
Les mythes à travers les âges, Joseph Campbell
* **Trudeau — l'essentiel de sa pensée politique,** P. E. Trudeau et R. Graham

Psychologie, vie affective, vie professionnelle, sexualité

L'accompagnement au soir de la vie, Andrée Gauvin et Roger Régnier
Adieu, Dr Howard M. Halpern
Affirmez votre pouvoir!, Junius Podrug
L'agressivité créatrice, Dr George R. Bach et Dr Herb Goldberg
Aimer, c'est choisir d'être heureux, Barry Neil Kaufman
Aimer son prochain comme soi-même, Joseph Murphy
L'alliance amoureuse, Hal Stone et Sidra L. Stone
Les âmes sœurs, Thomas Moore
L'amour impossible, Jan Bauer
L'amour lucide, Gay Hendricks et Kathlyn Hendricks
Amour, mensonges et pièges, Guy Finley
L'amour obsession, Dr Susan Foward
Apprendre à vivre et à aimer, Leo Buscaglia
Arrête! tu m'exaspères — Protéger son territoire, Dr George Bach et Ronald Deutsch
L'art d'engager la conversation et de se faire des amis, Don Gabor
L'art de vivre heureux, Josef Kirschner
L'autosabotage, Michel Kuc
La beauté de Psyché, James Hillman
Le bonheur, c'est un choix, Barry Neil Kaufman
Le bonheur de vivre simplement, Timothy Miller
Le burnout, Collectif
Célibataire et heureux!, Vera Peiffer
Ces gens qui ont peur d'avoir peur, Elaine N. Aron
Ces hommes qui ne communiquent pas, Steven Naifeh et Gregory White Smith
C'est pas la faute des mères!, Paula J. Caplan
Ces vérités vont changer votre vie, Joseph Murphy
Le chemin de la maturité, Dr Clifford Anderson
Chocs toniques, Eric Allenbaugh
Choisir qui on aime, Howard M. Halpern
Les clés pour lâcher prise, Guy Finley
Le cœur en paix, Mariah Burton Nelson
Comment acquérir assurance et audace, Jean Brun
Comment apprendre l'autodiscipline aux enfants, Thomas Gordon
Comment faire l'amour à la même personne pour le reste de votre vie, Dagmar O'Connor
Comment faire l'amour à une femme, Michael Morgenstern
Comment faire l'amour à un homme, Alexandra Penney
Comment faire l'amour ensemble, Alexandra Penney
Comment peut-on pardonner?, Robin Casarjian
Communication efficace, Linda Adams
Le courage de créer, Rollo May
Créez votre vie, Jean-François Decker
La culpabilité, Lewis Engel et Tom Ferguson
Le défi de l'amour, John Bradshaw
Dire oui à l'amour, Leo Buscaglia
Dominez les émotions qui vous détruisent, Dr Robert Langs
Dominez vos peurs, Vera Peiffer
La dynamique mentale, Christian H. Godefroy
Éduquer son enfant avec sa tête et son cœur, Martha H. Pieper et William J. Pieper

---

* Pour l'Amérique du Nord seulement.

(2001/10)